EVERY DAY FOR FUTURE

BUCKET LIST
für ein nachhaltiges Leben

100 Challenges,
um die Welt täglich besser
zu machen – auswählen,
umsetzen, abhaken!

Inhalt

- 100 Challenges, um gemeinsam die Welt besser zu machen ... 6

In der Küche

- ☐ 1 Sommer lang Gemüse selbst anbauen ... 8
- ☐ 1 Sommer lang Obst und Gemüse haltbar machen ... 12
- ☐ 1 Jahr lang keine oder nur noch Bio-Eier essen ... 14
- ☐ 6 Monate lang nur Biokäse kaufen ... 16
- ☐ 6 Monate lang maximal 1x pro Woche Fisch essen ... 17
- ☐ 3 Monate lang nur Biofleisch und -wurst kaufen ... 18
- ☐ 3 Monate lang auf Soja verzichten ... 20
- ☐ 6 Monate lang auf Milch verzichten ... 22
- ☐ 1 Monat lang vegetarisch leben ... 24
- ☐ 1 Monat lang vegane Ernährung ausprobieren ... 26
- ☐ 1 Monat lang Cold Brew Coffee trinken ... 28
- ☐ 3 Monate lang nur Leitungswasser trinken ... 29
- ☐ 1 Jahr lang nur Fairtrade-Kaffee trinken ... 30
- ☐ 1 Jahr lang nur Fairtrade-Kakao konsumieren ... 31
- ☐ 3 Monate lang auf Dosengetränke verzichten ... 32
- ☐ 1 Jahr lang übriges Wasser für Pflanzen verwenden ... 34
- ☐ 3 Monate lang selbst gemachte Gewürzmischungen und -öle verwenden ... 35
- ☐ 3 Monate lang alle Soßen selbst machen ... 36
- ☐ 3 Monate lang keine Fertigprodukte mehr essen ... 38
- ☐ 1 Monat lang keine Lebensmittel wegwerfen ... 40
- ☐ 1 Jahr lang keine Folien mehr verwenden ... 42
- ☐ 6 Monate lang ressourcenschonend Wasser kochen ... 44
- ☐ 1 Monat lang ressourcenschonend mit Deckel kochen ... 45
- ☐ 1 Jahr lang nachhaltig Geschirr spülen ... 46
- ☐ 1 Monat lang selbst gemachtes Spülmittel nutzen ... 47
- ☐ Alle 6 Monate die Tiefkühlgeräte abtauen ... 48

Beim Einkaufen

- [ ] 1 Jahr lang keine neuen
Tüten kaufen **50**

- [ ] 1 Monat ohne
„To Go-Waste" **52**

- [ ] 3 Monate lang nichts in Dosen und
Gläsern kaufen **54**

- [ ] 1 Jahr lang die Inhaltsstoffe von
Lebensmitteln analysieren **55**

- [ ] 1 Monat lang keinen Verpackungs-
müll produzieren **56**

- [ ] 3 Monate lang auf
Palmöl verzichten **57**

Im Badezimmer

- [ ] 1 Jahr lang auf
Duschgel verzichten **58**

- [ ] 1 Jahr lang kein herkömmliches
Shampoo verwenden **60**

- [ ] 1 Monat lang dein Mundwasser
selbst anrühren **61**

- [ ] 1 Monat lang Bio-
Zahnpasta verwenden **62**

- [ ] 3 Monate lang Bio-
Peeling selbst machen **63**

- [ ] 3 Monate lang Bio-Bodylotion
selbst mischen **64**

- [ ] 1 Monat lang bei der Körperpflege
das Wasser abdrehen **66**

- [ ] 1 Jahr lang aufs
Baden verzichten **67**

- [ ] 1 Monat lang nur jeden
zweiten Tag duschen **68**

- [ ] 3 Monate lang Recycling-
Toilettenpapier nehmen **69**

- [ ] Nie wieder Wattestäbchen
verwenden **70**

- [ ] 3 Monate lang keine Wegwerf-Wattepads und Abschminktücher benutzen **72**

- [ ] 3 Monate lang Make-up-
Entferner selbst machen **74**

- [ ] 1 Jahr lang keine Papiertaschen-
tücher verwenden **76**

- [ ] 1 Monat lang alle Klopapierrollen
upcyceln **77**

Beim Putzen, Waschen & Sauberhalten

- [ ] 1 Jahr lang
konsequent Müll trennen **78**

- [ ] 3 Monate lang natürliche
Putzmittel verwenden **79**

- [ ] 3 Monate lang nur selbst gemachtes
Waschmittel verwenden **80**

- [ ] 3 Monate lang auf
Weichspüler verzichten **82**

3

Inhalt

- ☐ 3 Monate lang auf Wäscheparfüm verzichten **83**
- ☐ 1 Jahr lang kälter waschen **84**
- ☐ 6 Monate lang nicht den Wäschetrockner benutzen **85**
- ☐ 1 Jahr lang ohne Vorwäsche waschen **86**

Im Garten & auf dem Balkon

- ☐ 1 Sommer lang Kräuter selbst ziehen **88**
- ☐ Eine Rasenfläche in eine Bienenwiese verwandeln **90**
- ☐ 1 Jahr lang eine Ecke des Gartens verwildern lassen **92**
- ☐ 1 Jahr lang nur natürlich düngen **94**
- ☐ 1 Jahr lang auf Pestizide verzichten **96**
- ☐ 1 Jahr lang Biomüll selbst kompostieren **98**
- ☐ 1 Sommer lang nachhaltig grillen **100**
- ☐ 1 Jahr lang auf torfhaltige Gartenerde verzichten **102**
- ☐ Luftreinigende Pflanzen vermehren und verschenken **103**

Bei der Arbeit

- ☐ 3 Monate lang Geschäftsreisen mit Bus oder Bahn erledigen ... **104**
- ☐ 1 Sommer lang mit dem Rad zur Arbeit fahren **105**
- ☐ 1 Jahr lang nur Recyclingpapier im Büro verwenden **106**
- ☐ 3 Monate lang den Laptop anstatt den PC nutzen **107**

Beim Shoppen

- ☐ 6 Monate lang keine neue Kleidung kaufen **108**
- ☐ Eine Kleidertauschparty feiern **110**
- ☐ Dinge aussortieren und auf dem Flohmarkt verkaufen **112**
- ☐ 1 Jahr lang nur vegane Kleidung kaufen **114**
- ☐ Mode nur noch fair oder secondhand shoppen **116**
- ☐ Vorhandene Smartphones und Computer reparieren statt ersetzen ... **118**
- ☐ 1 Jahr lang nur FSC-Holzprodukte kaufen **119**
- ☐ 3 Monate lang nicht mehr online shoppen **120**

Unterwegs

- [ ] 1 Jahr lang auf Inlandsflüge verzichten.................. **122**
- [ ] 1 Jahr lang maximal einen Langstreckenflug buchen **123**
- [ ] 1 Jahr lang Urlaub im Umkreis machen...................... **124**
- [ ] Nachhaltig Urlaub machen.................................. **126**
- [ ] 1 Jahr lang auf ein eigenes Auto verzichten............... **128**
- [ ] 1 Sommer lang Ausflüge nur mit dem Rad unternehmen........ **130**
- [ ] 6 Monate lang am Wochenende die Brötchen mit dem Rad holen **131**

In der Freizeit

- [ ] 1 Monat lang Papier und Pappe zweitverwerten.............. **132**
- [ ] Schriftverkehr auf E-Mail umstellen....................... **134**
- [ ] 1 Monat lang jeden Tag Müll aufheben...................... **135**
- [ ] 1 Jahr lang ein heimisches Patentier unterstützen......... **136**
- [ ] 1 Jahr lang eine Baumpatenschaft übernehmen............... **137**
- [ ] Ein Nachbarschaftsprojekt ins Leben rufen................. **138**
- [ ] 1 Monat lang ein Umweltprojekt im Ausland fördern......... **140**
- [ ] Auf Ökostrom umstellen.................................... **142**
- [ ] 1 Jahr lang den WLAN-Router nachts ausschalten............ **143**
- [ ] 6 Monate lang nicht benötigte Geräte vom Strom trennen ... **144**
- [ ] 1 Monat lang maximal 3 Stunden täglich fernsehen.......... **146**
- [ ] 1 Jahr lang das Licht ausschalten, wenn du nicht im Raum bist **147**
- [ ] Nur noch stromsparende Leuchtmittel verwenden............. **148**
- [ ] 1 Sommer lang auf die Klimaanlage verzichten.............. **149**
- [ ] Weihnachten müllfrei feiern............................... **150**
- [ ] 1 Jahr lang nur Selbstgemachtes verschenken............... **152**
- [ ] 1 Jahr lang Geburtstage müllfrei feiern................... **154**

Meine persönliche Bucket List für ein nachhaltiges Leben........ **156**

Tracker.. **158**

Buchwerbung.. **206**

Impressum.. **208**

5

Vorwort

100 CHALLENGES, UM GEMEINSAM DIE WELT BESSER ZU MACHEN

Unsere Welt ist aus dem Gleichgewicht geraten. Wir verbrauchen mehr Ressourcen, als nachwachsen können, verschmutzen unsere Meere, Flüsse und Seen, brennen und holzen unseren Regenwald ab. Gleichzeitig fordern wir, dass Konsumgüter immer und überall verfügbar sind, so günstig wie möglich natürlich. Wir fliegen um die Welt, bereisen die Länder dieser Erde mit dem Kreuzfahrtschiff, verpesten die Luft mit unseren Autos – und machen uns keinerlei Gedanken darüber, was das für unser Klima bedeutet. In den letzten Jahren hat sich jedoch bereits gezeigt, wohin die Reise gehen wird, wenn wir uns nicht endlich zusammentun: Das Klima verändert sich, und zwar radikal. Es wird wärmer. Viel wärmer! Die Polkappen schmelzen, Tiere verlieren ihren Lebensraum, ganze Arten sterben aus. Ein Schicksal, das kommende Generationen teilen könnten, wenn wir nicht aktiv werden und handeln.

Damit die Erde so wunderschön bleibt, wie wir sie kennen, muss sich vieles ändern. Doch wo anfangen? Richtig, wer etwas verändern möchte, sollte bei sich selbst anfangen. Jeden Tag haben wir zig Möglichkeiten, uns zu entscheiden. Beim Einkauf von Lebensmitteln und Kleidung, bei der Wahl eines Verkehrsmittels. Wir können als Einzelperson vielleicht nicht die ganze Welt retten – aber wir können unseren Teil dazu beitragen, dass das möglich wird, in dem wir bewusst leben, uns informieren und versuchen, die bestmöglichen Entscheidungen zu treffen. Mit diesem Buch möchten wir dabei helfen, den eigenen Lebensstil und das eigene Konsumverhalten zu reflektieren. Wir möchten zum Umdenken anregen und zeigen, wie einfach es ist, hier und dort etwas zu verändern, das allen zugutekommt: dem Klima, der Umwelt, dem Tierschutz und auch uns selbst.

Etwas tun ist besser als nichts zu tun!

Ja, nicht jede Lösung, die wir in diesem Buch anbieten, ist perfekt. Für viele Probleme unserer Welt gibt es nämlich noch keine perfekten Lösungen. Oft gibt es schlechte und weniger schlechte Wege, die wir gehen können. Manchmal auch gute und bessere Alternativen. Wichtig ist, dass wir nicht stehenbleiben, sondern bereit sind, an den Stellschrauben unseres Lebens zu drehen. Es lohnt sich, versprochen!

Damit du etwas besser nachvollziehen kannst, wie sehr sich ein nachhaltiger Lebensstil lohnen kann, haben wir unser Buch mit 100 Alltags-Challenges gefüllt und berechnet, welchen Unterschied es macht, wenn du dich unserer Aufgabe für einen festgelegten Zeitraum stellst. Das kann zum Beispiel eine Anzahl von Müllsäcken sein, die du der Umwelt ersparst, oder auch Kilogramm CO₂, die dank dir nicht in die Atmosphäre gelangen. Bei den Zahlen handelt es sich natürlich um ungefähre Angaben, nicht um absolute Zahlen, denn jeder von uns hat ein anderes Konsumverhalten. Wir haben unterschiedliche technische Geräte zu Hause stehen, die nicht alle gleich viel Strom oder Wasser verbrauchen. Und natürlich pupst auch nicht jedes Rind gleich viel Methan in die Atmosphäre. Für viele Themen können nur Schätzwerte herangezogen werden, die sich je nach Quelle unterscheiden können. Wir möchten dir damit nur eines zeigen. Es macht durchaus einen Unterschied, wenn DU DEIN LEBEN VERÄNDERST.

Erstelle deine eigene Bucket List und tracke deine Erfolge

Im hinteren Teil des Buches haben wir Raum gelassen für deine ganz persönliche Bucket List für ein nachhaltigeres Leben: Schreibe dort alle Challenges auf, denen du dich stellen möchtest, ob aus diesem Buch oder eigene Ideen, und halte mit den verschiedenen Trackern deine Erfolge dabei schwarz auf weiß fest. Das macht Spaß und visualisiert, welche Power jeder Einzelne hat, wenn es darum geht, die Welt zu retten. Gemeinsam können wir es schaffen!

Eure

Ina & Anne

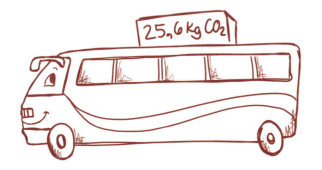

Challenge #1

1 SOMMER LANG GEMÜSE SELBST ANBAUEN

Gemüse aus dem eigenen Garten schmeckt nicht nur lecker, es besitzt auch den allerbesten ökologischen Fußabdruck. Denn: Für die Aufzucht mussten weder Gewächshäuser geheizt noch Flugzeuge oder andere Transportmittel genutzt werden – besser geht's kaum. Zudem ist es ganz einfach und die Möglichkeiten sind vielfältig, selbst wenn du keinen Garten hast. Wichtig ist, beim Düngen und Schützen der Pflanzen nicht zu Chemiekeulen zu greifen, denn diese belasten nicht nur die Pflanzen, sondern auch das Gemüse und den Boden.

Der Effekt dieser Challenge

1 Sommer lang Gemüse selbst anbauen = - 50 kg CO_2

Je nachdem, wie viel du über den Sommer anbaust und erntest, können gegenüber dem Kauf und Verzehr von weitgereistem Supermarkgemüse 50 bis 100 kg Treibhausgase eingespart werden, denn Produktion und Transport von 1 kg Gemüse verursachen laut Studien durchschnittlich 2 kg CO_2.

Tipp:
Es bietet sich an, sich beim Gärtnern mit den Nachbarn zusammenzutun: mehr helfende Hände, geteilter Ertrag, weniger Überschuss, der im Müll landet, und weniger Menschen, die Supermarktprodukte aus dem Süden konsumieren!

Gärtnern im Beet

Robuste Gemüsesorten wie Erbsen, Möhren, Bohnen & Co. kannst du direkt ins Beet säen: Mit dem Stiel der Harke eine Rille in den Boden ziehen und die Samen mit 5 bis 10 cm Abstand hineindrücken. Dann etwas Erde darauf geben und wässern.

Gärtnern mit Vorbereitung

Kälteempfindliche Gemüsesorten kannst du im Frühjahr auf der Fensterbank vorziehen. Am besten geht das in einer alten Eierpappe.

1. Den Deckel des Eierkartons abtrennen und das Unterteil in den Deckel stellen. Nährstoffarme Anzuchterde hineinfüllen.
2. Die Samen sanft in die Erde drücken und eine dünne Schicht Erde darüber sieben. Wenig wässern und die Eierpappe in eine (gebrauchte) Plastiktüte, z.B. Gefrierbeutel, stellen. Den Beutel oben zubinden, aber ein Luftloch lassen. Über das Loch die Samen regelmäßig befeuchten.
3. Wenn die ersten Pflänzchen ihre Köpfe aus der Erde strecken, kannst du die Saat mit einem Pikierstab oder einem abgebrochenen Bleistift heraushebeln. Die Wurzeln leicht kürzen.

Übrigens:
Herkömmliches Saatgut wird fast immer mit Chemie behandelt oder gentechnisch verändert, um es haltbarer und resistenter zu machen. Verwende daher Bio-Saatgut.

Tipp:
Nutze Saat für (kleineres) Snackgemüse, dann fällt das Gemüse handlich und zahlreich aus.

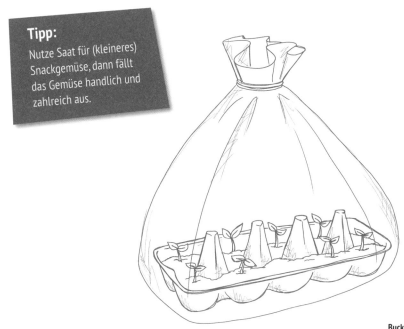

Bucket List 9

Challenge #1

4. Die Jungpflanzen jeweils in einen eigenen Topf setzen, dafür mit einem Setzholz ein Loch in den Boden bohren, die Pflanze hineinstecken, mit etwas Erde zudecken und wässern.
5. Nach den Eisheiligen, also ab Mitte Mai, kannst du deine Schützlinge im Gemüsebeet draußen einpflanzen.

Gärtnern auf kleinem Raum

Auf Balkonen und kleinen Terrassen gilt es, kreativ zu werden, um den vorhandenen Raum optimal zu nutzen. Am besten nutzt du die Wände und gehst beim Gärtnern in die Höhe. Das Tolle an den folgenden Ideen dafür: Du schenkst Verpackungsmüll ein zweites Leben und sie sind auch noch dekorativ! Alternativ kannst du natürlich auch Balkonkästen verwenden.

- **Kräuter aus der Dose**
  Alte Konservendosen mit Erde füllen, Kräuter hineinpflanzen und an der Wand anbringen.
- **Flaschenparade**
  Den oberen Teil einer PET-Flasche abschneiden, mit Erde füllen, an der Wand anbringen.
- **Palettenbeet**
  Eine Palette mit der Vorderseite an die Wand lehnen (oder besser dübeln) und die Pflanztöpfe in die Füße stellen.

Gärtnern im Kübel

Folgende Sorten lassen sich auch im Balkonkübel aussäen:

Tipp:
In vielen Fachmärkten kannst du das Gemüse vorgezogen kaufen, dann wird's auf jeden Fall was mit der Ernte.

Bohnen	Radieschen
Paprika	Salat
Möhren	Tomaten
Gurken	Erbsen

Gärtnern auf der Fensterbank

Du kannst Salat, Tomaten, Erbsen, Karotten, Feldsalat, Snack-Gurken, Dill, Zwiebeln, Sellerie, Bohnen und Tomaten sogar einfach draußen vor dem Fenster anbauen, am besten auf der Seite mit der Morgensonne.

Du brauchst:
Balkonkasten | Blumentopf | ggf. Holz- oder Eisenkonstruktion fürs Fenster | Ziegelsteinreste, Kies oder Sand | Anzuchterde | Saatgut

1. Den Balkonkasten wind- und wetterfest an der Konstruktion fürs Fenster bzw. auf dem Fensterbrett anbringen.
2. Kies, groben Sand oder Ziegelstücke als Drainageschicht auf dem Boden des Kastens auslegen, darüber Anzuchterde verteilen.
3. Die Samen einsäen und gut wässern.

Challenge #2

1 SOMMER LANG OBST UND GEMÜSE HALTBAR MACHEN

Wenn du dein Gemüse selbst anbaust, wirst du jede Menge Leckereien aus dem eigenen Garten, vom Balkon oder von der Fensterbank ernten. Es ist eine gute Idee, einen Großteil davon für den Winter haltbar zu machen, denn du wirst wahrscheinlich zu viel davon haben. Und das ist auch gut so, denn laut einer Umfrage haben 2018 rund 3,91 Mio. Einwohner mehrmals pro Woche Dosengemüse verwendet. Das kann man sich sparen! Wie es geht, erfährst du hier.

Der Effekt dieser Challenge

1 Sommer lang selbst angebautes Gemüse einmachen = - 156 Gemüsekonserven
Gehen wir davon aus, dass „mehrmals" etwa 3-mal pro Woche bedeutet, kommen wir auf 156 Gemüsekonserven pro Kopf und Jahr. Und damit sind nur die Menschen abgedeckt, die angaben, „mehrmals" pro Woche Dosengemüse zu benutzen!

Und wenn das alle machen würden?
Wenn alle 83 Mio. Einwohner Deutschlands ihre durchschnittlich 156 Gemüsekonserven pro Kopf und Jahr durch selbst eingemachtes Gemüse ersetzen würden, würde das 12,9 Mrd. Gemüsekonserven einsparen!

Einfrieren

Geeignet für: Kräuter, Obst, Gemüse

1. Das Obst oder Gemüse waschen, klein schneiden und blanchieren, also kurz in kochendes Wasser geben (weiches Gemüse für 2–3 Min., hartes Gemüse für 6–7 Min.) und anschließend in Eiswasser tauchen.
2. In ein dickwandiges, großes Glas geben, z.B. ein ausgemustertes Marmeladenglas, und den Deckel fest aufschrauben.
3. Das Glas in die Kühltruhe legen.

Das Gefriergut ist nun bis zu 10 Monate haltbar.

Tipp:
Achte beim Kauf einer Kühltruhe auf ein sparsames Gerät: Die Energieeffizienzklasse A+++ verbraucht je nach Volumen zwischen 100 und 175 kWh pro Jahr, ein Gerät der Klasse A+ rund 60% mehr.

Einkochen

Geeignet für: Kirschen, Birnen, Pfirsiche, Rote Bete, Erbsen, Möhren

1. Das Obst oder Gemüse waschen, klein schneiden und in ein Einkochglas geben.
2. Das Glas bis kurz unter den Rand mit Wasser füllen, den Glasrand mit einem sauberen Tuch abwischen und das Glas gut verschließen.
3. Wenn du keinen Einkochautomaten hast, fülle eine Fettpfanne mit Wasser, stelle das Glas hinein und koche es im Backofen bei 180°C auf der untersten Schiene ein.
4. Wenn die Flüssigkeit im Glas anfängt zu perlen, den Backofen ausschalten. Das Glas noch 30 Min. im Ofen belassen und dann zum Abkühlen herausnehmen.

Einlegen

Geeignet für: Gurken, Möhren, Bohnen, Paprika

1. Wasser aufkochen, 20 g Salz pro Liter hinzufügen und abkühlen lassen.
2. Das Gemüse zerkleinern, in ein Schraubglas geben und das Glas mit dem abgekühlten Salzwasser aufgießen. Fest verschließen.
3. Das Glas bei Zimmertemperatur 10 Tage ruhen lassen. Danach 6 Wochen lang in einem kühlen Raum bei ca. 10 °C Umgebungstemperatur ruhen lassen.

Trocknen

Geeignet für: Äpfel, Aprikosen, Pflaumen, Pilze, Tomaten, Kräuter

1. Das Obst oder Gemüse schälen, entsteinen und in Scheiben schneiden.
2. Ein Backblech mit Backpapier auslegen, die Scheiben darauf verteilen und im Backofen garen:
   - Obst bei 60 °C Umluft
   - Gemüse bei 80 °C Umluft
   - Pilze und Kräuter bei 50 °C Umluft
3. Die Scheiben garen, bis sie ledrig und schrumpelig sind, dann herausnehmen und über Nacht weiter trocknen lassen.

Tipp: Macht sich auch gut als Mitbringsel bei Geburtstagen und Festen.

Challenge #3

1 JAHR LANG KEINE ODER NUR NOCH BIO-EIER ESSEN

Laut der Bundesanstalt für Landwirtschaft und Ernährung (BLE) isst jeder Deutsche 235 Eier pro Jahr, ob als Frühstücksei, im Kuchen oder als Omelett. Gelegt werden diese laut BLE von 45,1 Mio. Hennen, die insgesamt rund 14,2 Milliarden Eier im Jahr produzieren. Da dies den Bedarf im Land jedoch nicht decken kann, werden zusätzlich 9,6 Milliarden Eier eingeführt.

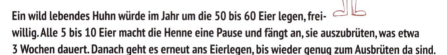

Ein wild lebendes Huhn würde im Jahr um die 50 bis 60 Eier legen, freiwillig. Alle 5 bis 10 Eier macht die Henne eine Pause und fängt an, sie auszubrüten, was etwa 3 Wochen dauert. Danach geht es erneut ans Eierlegen, bis wieder genug zum Ausbrüten da sind.

Das Leben von professionellen Legehennen sieht leider nicht so rosig aus, denn das Ziel lautet: jeden Tag ein Ei. Um dieses Arbeitspensum zu erreichen, werden den Legehennen die Eier weggenommen. Dadurch entfallen die Brütperioden und die Hennen legen stetig neue Eier – ein kräftezehrender Job für die Tiere. Zu den extremen Arbeitsanforderungen kommt das Problem der Haltung, denn die meisten Hennen werden unter extrem schlechten Bedingungen gehalten. Ställe mit 10.000 bis 20.000 Tieren sind die Regel, eingeteilt in Etagen-Anlagen aus Stahl. Die Tiere leben dicht an dicht im eigenen Dreck und Kot. Federpicken, Kannibalismus und mit Parasiten befallene, kranke Hühner sind leider oft an der Tagesordnung.

Der Effekt dieser Challenge

1 Jahr lang keine Eier essen = - 235 Eier
Das ist beinahe so viel, wie eine Legehenne im Jahr legen muss (ca. 300 Eier).
Man könnte dadurch also fast eine Legehenne weniger halten.

Alternative 1: Bio-Eier

Auch wenn die Tiere bei ökologischer Haltung weitaus besser leben als in anderen Ställen, wird aus der Legehenne kein glückliches Huhn, das auf einer Blumenwiese ein fröhliches Dasein lebt. Dennoch sind Bio-Eier auf jeden Fall die bessere Wahl.

Bio-Eier erkennst du an der Verpackung bzw. an der ersten Ziffer des Codes auf dem Ei:

3 = Käfighaltung. Seit dem Verbot der traditionellen Käfighaltung ist diese Form zum Glück stark zurückgegangen. Die wenigen Betriebe, die noch Hennen in Kleingruppen in Käfigen halten, müssen sich davon bis Ende 2025 trennen. Platzangebot: 800 cm^2 pro Henne bei einer Mindestkäfiggröße von 2,5 m^2.

2 = Bodenhaltung. Die Tiere leben in einem geschlossenen Stall, in dem sie sich frei bewegen können. Hier leben maximal 9 Hennen pro m^2. Oft leben die Hennen jedoch „gestapelt" in Hallen mit mehreren Etagen, dann sind es bis zu 18 Tiere pro m^2.

1 = Freilandhaltung. Für den Stall gelten die Vorgaben der Bodenhaltung. Zusätzlich muss aber jede Legehenne tagsüber uneingeschränkten Zugang zu einem bewachsenen Auslauf mit einer Mindestgröße von 4 m^2 haben.

0 = Ökologische Erzeugung. Pro Stall dürfen nicht mehr als 3000 Legehennen gehalten werden. Es sind max. 6 Hennen pro m^2 Stallfläche erlaubt, in großen Hallen mit mehreren Etagen sind 12 Hennen pro m^2 zulässig. Jedem Tier müssen eine 18 cm lange Sitzstange sowie 4 m^2 Auslauffläche zur Verfügung stehen. Außerdem darf ausschließlich ökologisch erzeugtes Futter verwendet werden.

Der Effekt dieser Challenge

1 kg Bio-Eier essen = - 250 g CO_2
Eier aus ökologischer Landwirtschaft verursachen rund 1550 g CO_2, bei der üblichen Hühnerhaltung sind es mehr als 1800 g.

Alternative 2: Eier direkt vom Biobauern

Du hast einen Biobauern in der Nachbarschaft? Frag nach, ob du mal vorbeikommen kannst. Dann kannst du dir anschauen, wie die Tiere gehalten werden. Gerade auf kleinen Höfen dürfen sich die Hühner nämlich noch relativ frei bewegen.

Auch gut: Auf den Wochenmarkt gehen. Dort findest du Eier aus der Region, die keine langen Transportwege hinter sich haben.

Übrigens:

Jedes Jahr werden laut der Tierrechtsorganisation PETA in Deutschland 50 Mio. männliche Küken getötet. Sie landen nach dem Schlüpfen in Schreddern oder werden mit CO_2 vergast – bei lebendigem Leib. Danach landen sie im Müll oder werden als Tierfutter weiterverkauft.

Challenge #4

6 MONATE LANG NUR BIOKÄSE KAUFEN

Im Durchschnitt werden für die Produktion von 1 kg Käse, von der Milchproduktion bis zum fertigen Produkt, 8,5 kg CO_2 benötigt. Die CO_2-Bilanz von Biolebensmitteln ist um rund 1/3 besser, liegt also bei ca. 5,67 kg CO_2 pro kg Käse. Außerdem stellst du mit dem Kauf von Biokäse sicher, dass die Kühe unter artgerechten Bedingungen gehalten wurden, regelmäßig Auslauf hatten und mit Futter aus ökologischem Anbau gefüttert wurden, ohne Gentechnik, Hormone und Medikamente. Außerdem setzen Biobetriebe zur Herstellung von Tierfutter keine Mineraldünger und Pestizide ein, deren Herstellung sehr energieaufwendig ist. Regionale Produkte sind natürlich auch hier der Goldstandard, denn sie vermeiden zudem lange Transportwege.

Der Effekt dieser Challenge

6 Monate lang nur Biokäse essen = - 8,49 kg CO_2
Davon ausgehend, dass du im Monat etwa 500 g Käse isst, verbrauchst du in 6 Monaten ca. 17,01 kg CO_2 beim Verzehr von nachhaltigem Biokäse. Im Vergleich zu konventionell hergestelltem Käse sind das ca. 8,49 kg CO_2 weniger.

Und wenn das alle machen würden?
Alle 83 Mio. Einwohner Deutschlands könnten in 6 Monaten bis zu 704,6 Mio. kg CO_2 sparen durch den ausschließlichen Verzehr von nachhaltig statt konventionell produziertem Käse.

Challenge #5

6 MONATE LANG MAXIMAL 1x PRO WOCHE FISCH ESSEN

Ein Drittel aller Meere gilt bereits als überfischt, denn täglich werden um die 350 Tonnen aus den Meeren gezogen, darunter 38 Mio. Tonnen Beifang jährlich, der eigentlich gar nicht in den Netzen hätte landen sollen. Bedroht oder gar stark bedroht sind etwa Forelle, Garnele, Hummer, Kabeljau, Lachs, Pangasius, Sardelle, Scholle, Seelachs, Thunfisch, Aal, Makrele und Rotbarsch. Der Konsum von Karpfen und Hering ist derzeit noch zu vertreten.

Für das Tierwohl wäre es natürlich am besten, komplett auf Fisch zu verzichten. Möchtest du Karpfen & Co. aber weiterhin essen, solltest du zumindest darauf achten, dass der wöchentliche Fisch eine Ausnahme – eine Delikatesse – bleibt. Das dankt dir auch das Klima: Der durchschnittliche Pro-Kopf-Konsum liegt bei ca. 13,5 kg Fisch im Jahr, und diese verursachen ca. 85 kg CO_2.

Der Effekt dieser Challenge

6 Monate lang maximal 1x pro Woche Fisch essen = - 3,15 kg Fisch

Der Konsum von ca. 13,5 kg Fisch pro Kopf und Jahr ergibt rund 1,125 kg pro Kopf und Monat. Isst du künftig nur noch einmal die Woche Fisch (je 150 g), sparst du etwa die Hälfte und kommst auf 600 g im Monat. Das macht in 6 Monaten 3,6 kg Fisch statt 6,75 kg.

Und wenn das alle machen würden?
Alle 83 Mio. Einwohner Deutschlands könnten mit dieser Challenge in 6 Monaten 261,45 Mio. kg Fisch einsparen.

Bewusster Fischkonsum mit Prinzipien

1. Iss nur Fische, die nicht in ihrem Bestand gefährdet sind. Detaillierte Einkaufsratgeber gibt es z.B. von WWF und Greenpeace.
2. Bioland, Naturland und das ASC-Siegel bieten bei Zuchtfisch eine gute Orientierung, das MSC-Siegel bei Wildfisch.
3. Setze auf heimischen Fisch, dann vermeidest du lange Transportwege.
4. Stelle das Tierwohl über deine Gelüste. Lass z.B. nicht zu, dass ein Hummer deinetwegen lebend in kochendes Wasser geworfen wird. Auch Tintenfische werden in einigen Ländern bei lebendigem Leib verspeist. Davon solltest du besser Abstand nehmen.

Challenge #6

3 MONATE LANG NUR BIO-FLEISCH UND -WURST KAUFEN

Fleisch hat grundsätzlich eine sehr schlechte CO_2-Bilanz pro kg, wie auch diese besonderen „Stadtmusikanten" zeigen, aufgrund der Tierhaltung, der Herstellung von Futtermitteln, der Produktion des Fleisches selbst und des Transports. Bei Rindern ist der Wert besonders hoch, denn sie produzieren während der Verdauung Methangas und pupsen das Treibhausgas quasi direkt in die Atmosphäre. Aus Klima-Perspektive ist leider auch Biofleisch nicht das Maß aller Dinge. Die Tiere leben zwar unter deutlich besseren Bedingungen und bekommen hochwertigeres Futter – doch auch ökologisch gehaltene Rinder pupsen Methangas in die Luft. Ein Biorind ist, aufs Tier gerechnet, sogar klimaschädlicher als ein konventionelles Rind: Biobetriebe geben den Tieren mehr Zeit, um das angestrebte Schlachtgewicht zu erreichen. Das bedeutet, dass die Rinder länger leben, mehr Futter verbrauchen und mehr schädliches Methangas absondern – und zwar bis zu 60 % mehr.

Der Effekt dieser Challenge

3 Monate lang nur Biofleisch und -wurst kaufen = - 0 kg CO_2
Die Gesamtersparnis fürs Klima ist also gleich 0, ABER Bio ist in jedem Fall besser fürs Tierwohl. Noch besser ist nur: vegetarisch oder vegan leben (s. S. 24 und 26).

8 Gründe, (trotzdem) nur Biofleisch zu essen

1. Die Tiere dürfen länger leben.
2. Sie bekommen mehr Auslauf, im besten Fall sogar auf der Weide.
3. Der Stall wird oft mit Stroh ausgestreut, die Tiere müssen nicht auf Spaltenböden stehen.
4. Eingriffe wie das Kürzen von Schnäbeln und Schwänzen dürfen nicht vorbeugend durchgeführt werden.
5. Es wird mehr für die Erhaltung der Tiergesundheit getan. Vorbeugende Medikamentengabe ist verboten, alternativen, pflanzlichen Behandlungsmethoden wird der Vorzug gegeben.
6. Stundenlange Lebendtransporte in engen Viehwagen werden vermieden: Der Weg zum Schlachthof darf max. 4 Std. dauern.

18 Bucket List

7. Das Futter für die Tiere muss ohne Pestizide angebaut werden und darf weder Gentechnik noch importiertes Soja enthalten. Mindestens die Hälfte des Futters muss vom Betrieb angebaut werden oder aus der Region stammen.

8. Die Einhaltung dieser Vorgaben durch die Landwirte, Verarbeiter, Transporteure und Händler wird engmaschig kontrolliert.

Das neue Siegel

Seit 2018/2019 gibt es ein neues Siegel auf den Verkaufsverpackungen, um Verbraucher über die Haltungsbedingungen der Schlachttiere zu informieren. Das Bundesagrarministerium wird vermutlich zeitnah ein weiteres Siegel herausbringen, die Kriterien dafür stehen jedoch noch nicht fest. Bis dahin ist diese Haltungskennzeichnung eine gute Orientierungshilfe beim Fleischkauf.

Die vier Stufen des Siegels:

1 = **Stallhaltung:** entspricht nur den gesetzlichen Anforderungen

2 = **Stallhaltung plus:** mindestens 10 % mehr Platz pro Tier und zusätzliches Beschäftigungsmaterial

3 = **Außenklima:** mehr Platz und Frischluftkontakt

4 = **Premium:** mehr Auslauf im Freien und ökologische Erzeugung

Übrigens:
Auch in Biobetrieben werden Tiere in großen Gruppen gehalten. Wenn du wissen möchtest, wie die Tierhaltung tatsächlich aussieht, solltest du zu einem Biobauern deines Vertrauens gehen und dir die Gegebenheiten vor Ort anschauen.

Challenge #7

3 MONATE LANG AUF SOJA VERZICHTEN

Sojaprodukte wie Tofu und Sojamilch haben in Deutschland einen sehr guten Ruf, denn sie ersetzen tierische Lebensmittel wie Fleisch, Milch und Joghurt. Soja steht für einen grünen und gesunden Veggie-Lifestyle und eine bewusste, tierfreundliche Ernährung. Doch das ist leider nur die halbe Wahrheit, denn Soja steckt auch in Tierfutter. Etwa 80 % der weltweiten Sojaproduktion werden zu stark nachgefragtem Schrot verarbeitet, einem günstigen Futtermittel. Um dieser Nachfrage gerecht werden zu können, braucht es natürlich riesige Anbaugebiete. In den letzten Jahren wurde der Sojabohnenanbau darum drastisch ausgebaut. 110 Mio. ha umfasst die globale Anbaufläche für Soja – eine Fläche, die dreimal so groß ist wie Deutschland. Um Ackerflächen zu generieren, wurden laut WWF allein in Südamerika zwischen 2000 und 2010 24 Mio. ha, zum größten Teil mit Tropenwäldern bedeckte Flächen, zu Ackerland umgewandelt. So geht Lebensraum für Tiere und Pflanzen verloren, fruchtbare Böden werden zerstört und Wasser wird von Pestiziden verseucht.

Der Effekt dieser Challenge

3 Monate lang auf Soja verzichten = - 10,8 kg CO_2
Pro kg verzehrfertigem Soja aus Südamerika fällt etwa 1,8 kg CO_2 an. Angenommen, du isst 500 g Soja pro Woche, würdest du in 3 Monaten also rund 10,8 kg CO_2 einsparen.

Und wenn das alle machen würden?
Wenn alle 83 Mio. Einwohner Deutschlands 3 Monate lang auf verzehrfertiges Soja aus Südamerika verzichten würden, würde das 896,4 Mio. kg CO_2 einsparen.

Undercover auf dem Teller: Gen-Soja

Ein weiterer Grund, auf Sojaprodukte zu verzichten, ist die Debatte um gentechnisch manipuliertes Soja. In der EU ist es zwar verboten, genmanipulierte Bohnen anzubauen, aber sie stecken trotzdem in vielen Produkten wie Fleisch, Eiern und Käse: Importiertes Soja enthält fast immer Gentechnik, und genau das landet im Futtertrog unserer Tiere – und somit über Umwege auf unseren Tellern, ohne dass wir es mitbekommen.

Sojavorkommen identifizieren und meiden

Wie bereits erwähnt, steckt Soja in unendlich vielen Produkten. Wenn du konsequent verzichten möchtest, reicht es also nicht, Nein zu Tofu und Sojajoghurt zu sagen. In unserer Liste findest du alle Lebensmittel, die in den allermeisten Fällen Soja enthalten und die du darum möglichst meiden solltest. Möchtest du doch mal eine Ausnahme machen, informiere dich vorher in Ruhe über das Anbaugebiet des verwendeten Sojas und die Produktionsbedingungen.

Sojaprodukt	Steckt häufig in
Edamame	Bowl
Miso-Paste	Suppe, Eintopf
Sojabohnen	vegane Wurst, Käse
Soja-Creme	Dessert, Eis
Sojamehl	Kuchen, Gebäck, Torte
Sojasauce	Sauce, Dressing
Sojamilch	Smoothies, Kaffee, Kakao
Sojaöl	Kosmetik, Seife, Margarine
Tempeh	vegetarische Gerichte
Tofu	Fleischersatzprodukte

Übrigens:
Es gibt auch Bio-Soja aus Deutschland, zum Beispiel aus der Region Freiburg. Hier wird bereits auf einer Fläche von über 100 ha angebaut – Tendenz steigend.

110 MILLIONEN Hektar

Challenge #8

6 MONATE LANG AUF MILCH VERZICHTEN

Milch ist gesund, so haben wir's als Kind gelernt, und so handeln wir: Der Pro Kopf-Verbrauch von Milch liegt in Deutschland bei 50,6 kg pro Jahr. Unserem Klima schmeckt Kuhmilch allerdings ganz und gar nicht, wie eine Studie der Universität Oxford gezeigt hat. Sie kommt zu dem Ergebnis, dass die Produktion von Milch und Fleisch einen erheblichen Einfluss auf unseren Planeten hat. Denn ohne diese Produkte könnten die Agrarflächen weltweit um bis zu 75 % reduziert werden, und auch die bei der Produktion anfallenden Treibhausgase würden vermieden. Auf die Gesamtemissionen der Landschaft gerechnet, wäre das eine Ersparnis von 60 %.

Dazu kommt, dass die Tiere das Treibhausgas Methan freisetzen, das bei der Verdauung im Kuhmagen entsteht. Laut Forschern ist Methan für das Klima rund 25-mal schlimmer als CO_2. Methan befindet sich aber nicht nur im Kuh-Pups, sondern auch in der Gülle – es wird also auch auf den Feldern ausgebracht. Und wenn dann noch vor allem Soja im Futtertrog landet, verschlechtert sich die Klimabilanz zusätzlich, denn seinem Anbau fallen die Regenwälder zum Opfer, und diese gehören zu den größten CO_2-Speichern der Erde, vom Pflanzenbewuchs bis zu den reichen Humusschichten ihrer Böden.

Ein weiterer Aspekt ist das Tierwohl: Um Milch zu produzieren, müssen die Kühe nämlich erstmal ein Kälbchen bekommen. An sich nichts Schlimmes – doch leider werden sie nach der Geburt sofort von ihrem Nachwuchs getrennt und so schnell wie möglich neu befruchtet, damit der Milchfluss nicht versiegt. Dazu kommt, dass etwa 27 % der Tiere noch immer in Anbindehaltung leben, also den ganzen Tag (und die ganze Nacht und ihr ganzes Leben lang) an einem Fleck stehen müssen. Und auch die Laufstallhaltung, die häufig mit Weidehaltung verbunden ist, entspricht nicht dem Wesen der Kühe, denn die Bewegungsfreiheit bleibt auch hier noch stark eingeschränkt. Außerdem verunreinigen Kot und Urin den Stallboden, machen ihn rutschig und führen nicht selten zu Unfällen mit Verletzungen.

Der Effekt dieser Challenge

6 Monate lang auf Milch verzichten = - 22,7 kg CO_2
In 6 Monaten würde man durchschnittlich 25,3 kg Milch verzehren, bei einem CO_2-Wert von 0,9 kg pro kg Milch.

Und wenn die ganze Familie mitmachen würde?
Eine 4-köpfige Familie spart so bis zu 91,08 kg CO_2 in 6 Monaten ein und in einem ganzen Jahr entsprechend unglaubliche 182,16 kg.

Bio-Milch als Alternative

Wenn du nicht dauerhaft verzichten möchtest, solltet du zumindest auf Bio-Milchproduktion setzen. Den Kühen steht etwas mehr Platz zur Verfügung, außerdem bekommen sie regelmäßig Auslauf. Das Futter muss aus ökologischem Anbau stammen und darf keine Gentechnik enthalten. Leistungssteigernde Hormone und Antibiotika sind verboten. Aber auch Bio-Kühe müssen regelmäßig kalben, damit der Milchfluss nicht versiegt, und auch sie werden also in der Regel früh von ihren Kälbern getrennt, auch wenn es bereits einige wenige Betriebe gibt, in denen Kuh und Kalb mehr Zeit miteinander verbringen dürfen. Übrigens: Sind die Kälber männlich, werden sie im Anschluss gemästet und geschlachtet – auch das sollte dem bewussten Konsumenten klar sein.

Tipp:
Beim Einkauf auf das EU-Bio-Logo achten!

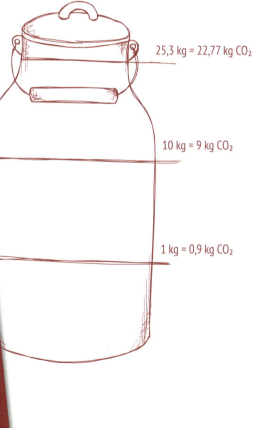

25,3 kg = 22,77 kg CO_2

10 kg = 9 kg CO_2

1 kg = 0,9 kg CO_2

Tipp:
Gibt es eine gute Alternative? Ja, Pflanzendrinks, z. B. aus Hafer oder Dinkel, am besten ohne Zuckerzusatz. Aber auch hier gilt es zu beachten, dass die Ökobilanz der Produkte schlecht sein könnte, denn die Zutaten haben oft lange Transportwege hinter sich. Am besten fährst du mit Bioqualität und Hafer- und Dinkelmilch, denn diese werden in der Regel komplett in Deutschland hergestellt, vom Anbau bis zum zum fertigen Produkt.

Bucket List

Challenge #9

1 MONAT LANG VEGETARISCH LEBEN

Fleisch hat eine extrem schlechte CO₂-Bilanz (s. S. 18), der ökologische Fußabdruck von Gemüse sieht da schon deutlich besser aus. Mit vegetarischer Ernährung, also dem bewussten Verzicht auf Fisch und Fleisch, setzt du dich darum nicht nur für das Wohl der Tiere ein, sondern auch für den Schutz des Klimas. Doch auch beim Vegetarismus solltest du darauf achten, nachhaltig zu handeln. Denn die Frage ist auch hier, was auf deinem Teller landet und wo und unter welchen Bedingungen es angebaut wurde. In manchen Herkunftsgebieten werden erhebliche Mengen von Herbiziden, Pestiziden und Wasser verbraucht, Urwaldflächen gerodet und heimische Vegetation verdrängt – nachhaltig ist das natürlich nicht. Hinzu kommen extrem lange Transportwege, zum Beispiel bei Obst und Gemüse aus Australien und Neuseeland.

Beispielhafte CO₂-Emissionen in kg pro 100 g Gemüse: Eisbergsalat: 0,02 | Fenchel: 0,02 | Feldsalat: 0,03 | Aubergine: 0,03 | Möhren: 0,03 | Zucchini: 0,03 | Zwiebeln: 0,03 | Kohlrabi: 0,04 | Gurke: 0,04 | Grünkohl: 0,04 | Kartoffeln: 0,04 | Blumenkohl: 0,04 | Brokkoli: 0,06 | Spargel: 0,06 | Tomaten: 0,09 | Champignons: 0,13 | Tomaten (Gewächshaus): 0,29

Der Effekt dieser Challenge

1 Monat lang Fleisch durch Gemüse ersetzen = - 29,6 kg CO₂
Ersetzt du jedes kg Fleisch mit 1 kg Gemüse, sparst du bis zu 14,8 kg CO₂-Emissionen (wenn Rindfleisch ersetzt wird). Davon ausgehend, dass du pro Monat ca. 2 kg Fleisch isst, sparst du also bis zu 29,6 kg CO₂ ein.

Und wenn das alle machen würden?
Würden 83 Mio. Einwohner einen Monat lang pro Kopf auf 2 kg Rindfleisch verzichten und stattdessen 2 kg Gemüse essen, würden wir gemeinsam bis zu 2,5 Mrd. kg CO₂ sparen – und 166 Mio. kg Fleisch einsparen. Das sind umgerechnet ca. 151.000 Hausrinder, denen wir in einem Monat das Leben retten könnten.

Vegetarisch mit Prinzipien

Wenn du auf vegetarische Ernährung umsteigen möchtest, solltest du diese drei Regeln beherzigen:

1. **Regional kaufen**
   Damit unterstützt du die Landwirte in deiner Gegend und vermeidest lange Transportwege.

2. **Saisonal essen**
   Isst du nur, was gerade Saison hat, müssen zumindest deinetwegen keine unnatürlichen Produktionsbedingungen im Gewächshaus geschaffen werden.

3. **Bio wählen**
   Ökobauern verwenden keine chemisch-synthetischen Pflanzenschutzmittel, sondern Biopestizide, die einen natürlichen Ursprung haben. Gentechnisch verändertes Saatgut ist ebenfalls verboten.

> **Übrigens:**
> Viele Produkte enthalten Gelatine, obwohl man diese darin gar nicht vermutet hätte. Achte auf die Zutatenliste bzw. auf das V-Label der European Vegetarian Union, um sicherzustellen, dass das gewählte Produkt wirklich vegetarisch ist.

Und was ist mit Mangelerscheinungen?

Viele Menschen befürchten, dass sie durch den Verzicht auf Fleisch nicht mehr ausreichend mit Nährstoffen versorgt sind. Wenn du jedoch Getreide, Hülsenfrüchte, Eier, Milchprodukte und eine vielfältige Gemüseauswahl auf den Speiseplan setzt, kannst du tierisches Eiweiß und sämtliche anderen Nährstoffe problemlos ersetzen (s. S. 27).

Challenge #10

1 MONAT LANG VEGANE ERNÄHRUNG AUSPROBIEREN

Vegane Ernährung bedeutet, auf alle tierischen Produkte zu verzichten. Eine Challenge, die gar nicht so schwer umzusetzen ist, wie viele Menschen befürchten, denn es gibt viele leckere Alternativen auf pflanzlicher Basis. Kommen wir aber erstmal zu den Basics veganer Ernährung:

Statt	nimm
Fleisch	Seitan, Tofu, Sojagranulat, Vleisch
Fisch	Obst & Gemüse
Milchprodukte	Sojajoghurt, Pflanzendrinks (in Maßen)
Käse	Hefeflocken
Butter	vegane Margarine
Eier	Süßlupinenmehl
tierische Gelatine	Pektin (als Gelierhilfe)
Fleischbrühe	Gemüsebrühe
Milchschokolade	Kakao und Zartbitterkuvertüre (ohne Milch)
Honig	Sirup (vegan)

Außerdem häufig oder immer vegan sind Brot, Hülsenfrüchte, Nüsse & Samen, Reis, Pasta (ohne Ei), Zucker, Gewürze & Kräuter, Essig, Öl, Senf, Tomatenmark.

Der Effekt dieser Challenge

1 Monat vegane Ernährung = - CO_2

Wie viel CO_2, das bei der Produktion von Fleisch, Wurst, Milch und Eiern entsteht, du in einem Monat einsparst, hängt davon ab, wie viele tierische Produkte du normalerweise isst.

Keine Angst vor Mangelernährung

Mangelerscheinungen durch vegane Ernährung sind bei einem abwechslungsreichen und ausgewogenen Speiseplan die Ausnahme. In der Tabelle siehst du, wie du auch ohne tierische Produkte an deine Nährstoffe kommst.

Eiweiß	Kalzium	Eisen*	Jod	Zink*	Omega-3	Selen
Sojaprodukte	Mandeln	Hirse	Pilze	Nüsse	Leinsamen	Linsen
Nüsse	Amaranth	Nüsse	Salz	Kürbiskerne	Walnüssöl	
Hülsenfrüchte	Mohn	Hülsenfrüchte	Algen	Vollkorn	Leinöl	Paranuss
Lupine	Grünkohl	Ölsaaten			Walnüsse	
Mohn	Brokkoli	grünes Blattgemüse			Chia	
Quinoa		Hafer				
Amaranth						

*Mit Vitamin C kombinieren, z. B. Orangen, Paprika

Achtung bei veganen "Ersatzprodukten"

Fleischbällchen, Burgerpattys, Schnitzel, Steak, Wurst, Würstchen – vegane Fleischersatzprodukte klingen echt verlockend. Diese Produkte sollten jedoch die Ausnahme bleiben, denn um Konsistenz, Geschmack & Haltbarkeit hinzubekommen, werden den Lebensmitteln jede Menge Zusatzstoffe zugefügt, und das ist nicht unbedingt gesund. Außerdem produzierst du mit diesen Produkten ordentlich Müll, denn jede Portion ist in Plastik eingeschweißt und in Pappe gehüllt. Bereite Tofu und Seitan also besser selbst zu, das spart auch noch jede Menge Geld.

Seitan, selbst gemacht

Seitan ist durch seine bissfeste, fleischähnliche Konsistenz ein hervorragendes, vielseitiges Fleischersatzprodukt, denn man kann es backen, kochen, braten, grillen oder aufs Brot legen. Der einfachste Weg, Seitan selbst zuzubereiten, ist mit fertigem Glutenpulver, das du online oder im Bio-Markt kaufen kannst. Mische das Weizengluten einfach im Verhältnis 1:1 mit Wasser. Danach knetest du das Ganze zu einer klebrigen Seitanmasse und würzt nach Lust und Laune: Mariniere den Seitan z.B. mit Sojasauce, Olivenöl, Kräutersalz, Balsamico oder Knoblauch. Im Kühlschrank hält sich Seitan eine Woche, du kannst ihn aber auch sehr gut einfrieren.

Tipp:
Experten empfehlen die Einnahme von Vitamin B12, denn es ist in keinem veganen Lebensmittel enthalten (bzw. nur in Kleinstmengen). Auch die zusätzliche Einnahme von Vitamin D3 ist sinnvoll, vor allem im Winter. Du solltest deine Versorgung regelmäßig vom Arzt checken lassen, egal, was du isst. Auch bei Kindern und Jugendlichen ist das sehr wichtig.

Challenge #11

1 MONAT LANG COLD BREW COFFEE TRINKEN

Cold Brew Coffee ist nicht nur extrem angesagt und wirklich lecker, er lässt sich auch ganz ohne Energieaufwand herstellen.

Hier geht's zum kalten Genuss!

1. Kaffee kaufen, am besten Bio- oder Fair-Trade-Kaffee (s. S. 30). Frisch gemahlen schmeckt er am besten, der Mahlgrad sollte eher grob sein. Das Mahlen kannst du meistens direkt in der Rösterei erledigen lassen – oder du verwendest deine eigene Kaffeemühle.
2. Cold Brew ansetzen: Gib den Kaffee (in der Menge, die du sonst auch verwenden würdest) in eine French Press oder in eine große Karaffe. Das Pulver mit kaltem Wasser aufgießen, umrühren, um den Satz zu verteilen, und das Gefäß abdecken.
3. Den Cold Brew bei Raumtemperatur 12 Std. durchziehen lassen.
4. Mit French-Press-Sieb oder einem Handfilter filtern.
5. Eiskalt genießen, vielleicht mit ein paar Eiswürfeln. Auch ein Schuss Pflanzenmilch, Milch oder eine Kugel Eiscreme passen dazu.

Tipp:
Super lecker: Mandelmilch in Eiswürfelförmchen gießen, einfrieren und in den kalten Kaffee geben.

Der Effekt dieser Challenge

1 Monat lang Cold Brew Coffee trinken = - 14,7 kg CO_2

Angenommen, du besitzt eine Filterkaffeemaschine mit 1000 W Leistung, die du jeden Tag morgens und nachmittags benutzt, also ca. 1 Std. pro Tag, kannst du mit Cold Brew Coffee pro Tag 1 kWh einsparen, in einem Monat mit 31 Tagen also 31 kWh. Laut Umweltbundesamt verursacht 1 kWh ca. 474 g CO_2. Umgerechnet auf diese Vier-Wochen-Challenge macht das eine Ersparnis von 14,7 kg CO_2.

Und wenn das alle machen würden?
Bei 83 Mio. Einwohnern in Deutschland könnten so rund 1,1 Mrd. kg CO_2 eingespart werden.

28 Bucket List

Challenge #12

3 MONATE LANG NUR LEITUNGSWASSER TRINKEN

Wenn du Leitungswasser trinkst, sparst du neben der Verpackung auch Transportwege ein – nicht nur für die LKWs, sondern auch für dich selbst, also kein nerviges Kistenschleppen mehr! Und ganz nebenbei ist es auch noch viel günstiger als Flaschenwasser: Für ca. 27 Cent bekommst du im Supermarkt eine günstige 1,5-l-Flasche Wasser – aus dem Hahn fließen fürs gleiche Geld rund 120 l.

Der Effekt dieser Challenge

3 Monate lang nur Leitungswasser trinken = - 180 Wasserflaschen
Trinkst du die empfohlenen 2–3 l Wasser pro Tag, wären das bis zu 2 Wasserflaschen à 1,5 l pro Tag und in 3 Monaten rund 180 solcher Flaschen (und ca. 270 l Wasser, also mehr als 4 Füllungen für dein Aquarium). Sauber!

Wie steht es um die Trinkwasserqualität?

Leitungswasser ist in Deutschland das am strengsten kontrollierte Lebensmittel und muss hohe Qualitätsanforderungen erfüllen. Dein örtlicher Wasserversorger kann dir Auskunft zur lokalen Wasserqualität geben, häufig kann man sein Leitungswasser auch auf Schadstoffe prüfen lassen. Hast du Angst vor Blei im Wasser, solltest du in Erfahrung bringen, welche Rohre in deinem Haus verbaut sind: Bleirohre und damit potenziell bleihaltiges Trinkwasser gibt es eigentlich nur noch in älteren Gebäuden mit Baujahr vor 1973. Es sind jedoch nicht automatisch alle vor 1973 gebauten Häuser betroffen, denn auch vor 1973 wurden schon häufig andere Materialien verwendet, z. B. Kupfer oder verzinkter Stahl. Wichtig: Hausbesitzer und Wasserwerke sind zum Austausch von Bleileitungen verpflichtet, wenn der Bleigrenzwert des Trinkwassers nicht eingehalten wird.

Tipp:

Unsicher, ob Blei oder Keime im Leitungswasser sind? Dann solltest du das Wasser umgehend testen lassen. Währenddessen besser kein Leitungswasser trinken oder zur Essenszubereitung nutzen. Das gilt vor allem für Schwangere und Kleinkinder, denn Blei ist gesundheitsgefährdend und kann bei Ungeborenen, Säuglingen und Kleinkindern das Nervensystem schädigen, die Blutbildung behindern und die Intelligenzentwicklung beeinträchtigen.

Bucket List   29

Challenge #13

1 JAHR LANG NUR FAIRTRADE-KAFFEE TRINKEN

Es gibt viele gute Gründe, ausschließlich fair gehandelten Kaffee und Kakao (s. rechts) zu konsumieren. Laut Fairtrade Deutschland kennzeichnet die Bezeichnung „fairtrade" Waren, die aus fairem Handel stammen und bei deren Herstellung bestimmte soziale, ökologische und ökonomische Kriterien eingehalten wurden. Faire Produkte erkennst du an speziellen Siegeln, z. B. dem von Fairtrade.

Der Effekt dieser Challenge

1 Jahr lang nur Fairtrade-Kaffee trinken = - 36,5 kg CO_2

Kaffee hat einen geschätzten CO_2-Fußabdruck von 50 bis 100 g pro Tasse – je nach Anbau, Verarbeitung, Vertrieb und Zubereitung. Bei Fairtrade-Produktion ist von der unteren Grenze auszugehen. Man spart damit also die Hälfte an CO_2 ein gegenüber konventionell angebautem und gehandeltem Kaffee mit maximalem CO_2-Fußabdruck; bei durchschnittlich 2 Tassen Kaffee sind das 100 g CO_2 pro Tag, pro Jahr 36,5 kg CO_2. Außerdem profitieren von Fairtrade-Kaffee mehr Menschen, die auch wirklich die Arbeit damit hatten, und weniger die, die den Kaffee nur verkaufen.

Wie sehen Fairtrade-Bedingungen aus?

Mehr Sicherheit und Fairness für die Bauern. Fairtrade-Siegel sorgen für stabilere Preise (durch garantierte Mindestpreise) und langfristige Handelsbeziehungen, sodass die Bauern nicht den Schwankungen des Weltmarktes ausgesetzt sind. Dadurch wird auch Kleinbauern der Zugang zum Markt eröffnet. Außerdem werden die Arbeitsbedingungen regelmäßig kontrolliert.
Weniger Treibhausgasemissionen. Das bedeutet in der Regel, dass die Produzenten dazu angehalten werden, verantwortungsvoll mit Wasser umzugehen, wenig Müll zu produzieren und nach Möglichkeit erneuerbare Energien einzusetzen.
Fairtrade und bio = doppelt gemoppelt? Nein, denn in der Fairtrade-Produktion ist ökologische Landwirtschaft nicht zwingend vorgeschrieben, auch wenn gewisse Pestizide hier ebenfalls nicht angewendet werden dürfen. Die meisten Produkte besitzen aber ohnehin beide Labels.

Challenge #14

1 JAHR LANG NUR FAIRTRADE-KAKAO KONSUMIEREN

Auch bei Kakaoprodukten kommt es in Bezug auf die Klimaauswirkungen auf Anbau, Verarbeitung und Vertrieb an, aber auch auf das Endprodukt, weshalb es schwer ist, konkrete Zahlen zu ermitteln. Eine Orientierung erlaubt der CO_2-Fußabdruck von – allerdings konventionell hergestellter – Schokolade:
weiße Schokolade: 4,1 kg CO_2/kg
Milchschokolade: 3,6 kg CO_2/kg
dunkle Schokolade: 2,1 kg CO_2/kg

Der Effekt dieser Challenge

1 Jahr lang nur Fairtrade-Kakao konsumieren = - 17,4 kg CO_2
Wenn du pro Jahr wie der Durchschnittskonsument 8,7 kg dunkle Fairtrade-Schokolade konsumierst statt weißer Nicht-Fairtrade-Schokolade (35,67 kg CO_2), verursachst du weniger als 18,27 kg CO_2 und sparst so sogar noch mehr als diese 17,4 kg CO_2 ein, denn diese Ersparnis ist schon allein dadurch gegeben, dass du statt weißer auf dunkle Schokolade zurückgreifst.

Siegel für Fairtrade-Waren

Das Fairtrade-Siegel garantiert, dass alle Zutaten zu 100 % unter Fairtrade-Bedingungen gehandelt wurden und rückverfolgbar sind. Bei Mischprodukten (z. B. Schokolade, Kekse) enthält das Siegel zusätzlich einen schwarzen Pfeil; dieser bedeutet, dass alle unter Fairtrade-Bedingungen erhältlichen Zutaten fairtrade-zertifiziert sein müssen, z. B. durch ein Rohstoff-Siegel für Zucker und Kakao. Es gibt auch noch weitere spezielle Fairtrade-Siegel, z. B. für Rohbaumwolle (Cotton), Textilprodukte, Gold und Kosmetik.

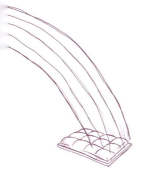

Tipp:
Es stimmt: Auch Fairtrade-Produkte sind (noch) nicht frei von Missständen. Aber es ist doch besser, fairen Handel zu unterstützen, als gar nichts zu tun – oder?

Challenge #15

3 MONATE LANG AUF DOSENGETRÄNKE VERZICHTEN

Jedes Jahr werden in Deutschland um die 3,15 Mrd. Getränkedosen verkauft, weltweit sogar 228 Mrd. 98% der Dosen werden laut Statistik recycelt – und trotzdem bleiben sie eine Umweltsünde, denn aus gebrauchten Dosen wird Primäraluminium hergestellt, und dieser Prozess ist ein extremer Energiefresser. Das Einsammeln, Einschmelzen und Neuproduzieren verbraucht zwar weniger Energie als die Produktion von neuem Stahl oder Aluminium, aber immer noch so viel, dass die Ökobilanz von Getränkedosen mehr als mies ausfällt. Die Lösung des Problems ist simpel: Schluss mit Getränken aus Dosen. Wenn du stattdessen Pfandflaschen kaufst, können diese zumindest direkt wiederverwendet werden, unzählige Male. Und dann gibt es noch eine Alternative, die sogar noch besser ist: Selbst mixen!

Der Effekt dieser Challenge

3 Monate lang auf Dosenlimo verzichten = - 24 Dosen
Wenn du im Schnitt 2 Dosen pro Woche konsumierst, sparst du in 3 Monaten 24 Getränkedosen ein. In einem Jahr sind das bereits 104 Dosen!

Und wenn deine ganze Familie mitmachen würde?
Bei einer 4-köpfigen Familie spart ihr 8 Dosen pro Woche ein, also 96 Dosen in 3 Monaten. Im Jahr kommt ihr so auf ganze 416 Getränkedosen – es läppert sich!

Aber es gibt doch das Dosenpfand!

Stimmt. Dank des Dosenpfands werden in Deutschland Sammelquoten von 95% erreicht, was super ist. Nach dem Einschmelzen werden die Dosen aber nicht wieder zu Dosen, sondern zu anderen Metallprodukten wie Konservenbüchsen, Alufolie, Nägeln etc. Und die werden bekanntlich selten recycelt und wiederverwendet. Das zweite Dosenleben ist also auch nicht gerade umweltfreundlich.

Spritzige DIY-Gurken-Limo mit Basilikum

Du brauchst:
300 g Bio-Gurke | 10 Basilikumblätter | 200 ml Leitungswasser | 150 g Zucker | 7 EL Limettensaft | Mineralwasser

1. Gurke waschen, halbieren, entkernen und raspeln. Basilikumblätter abzupfen, waschen und klein schneiden.
2. Leitungswasser und Zucker aufkochen, bis sich der Zucker vollständig aufgelöst hat.
3. Das Zuckerwasser vom Herd nehmen, Gurkenraspel und Basilikum hinzufügen und im Wasser 45 Min. ziehen lassen.
4. Die Flüssigkeit durch ein Sieb in einen weiteren Topf gießen. Limettensaft hinzugeben und aufkochen lassen. Die Flüssigkeit danach in eine saubere Glasflasche füllen.
5. Nach Geschmack Sirup mit Mineralwasser mischen, ein paar Scheiben frische Gurke hineingeben – fertig ist die geniale Gurkenlimo!

Übrigens:
Das gesunde Plus der selbst gemachten und dosenfreien Alternativen: Es steckt weniger Zucker drin. Und wenn du möchtest, kannst du die Limonade sogar ganz ohne Süße zubereiten – das schmeckt auch! Damit es wirklich nachhaltig wird, solltest du zum Trinken nur wiederverwendbare Strohhalme benutzen – oder einfach gleich ganz auf den Halm verzichten – und Bio-Obst und Gemüse, dann kann auch die Schale dranbleiben.

Tipp:
Der Sirup ist im Kühlschrank ca. 1 Monat haltbar.

Erfrischende DIY-Zitronen-Limo mit Minze

Du brauchst:
1 Zitrone | 2 Limetten | 2 TL Zucker | 3–5 Blätter Minze | 1 l Mineralwasser

1. Zitrone und Limetten auspressen.
2. Den Saft in eine große Karaffe geben, Zucker hinzufügen und gut umrühren.
3. Mit Mineralwasser aufgießen und die Minzblätter zufügen.

Tipp:
Du kannst die Minzblätter auch klein schneiden, in eine Eiswürfelform legen, mit Leitungswasser auffüllen und einfrieren. Die Minz-Eiswürfel sehen super schick aus im Glas oder in der Karaffe!

Bucket List 33

Challenge #16

1 JAHR LANG ÜBRIGES WASSER FÜR PFLANZEN VERWENDEN

Abgestandenes Mineralwasser, kalter Tee, Eier- und Gemüsekochwasser – jede Woche landen etliche Liter Wasser im Abfluss, ohne dass wir groß darüber nachdenken. Dabei stecken diese „Abwässer" voller guter Nährstoffe, die noch prima weiter genutzt werden könnten, z.B. um deinen Pflanzen etwas Gutes zu tun. Eierwasser enthält beispielsweise wertvolles Kalzium, das helfen kann, den pH-Wert im Boden im Gleichgewicht zu halten. Ähnlich nährstoffreich ist auch das Kochwasser, in dem Gemüse gegart wurde (Achtung: nur wenn nicht zu viel Salz verwendet wurde!), genau wie Tee und Mineralwasser. Denk also erst darüber nach, bevor du etwas wegkippst, und spende das Wasser doch lieber deinen Pflanzen auf der Fensterbank, auf dem Balkon, auf der Terrasse oder im Garten.

Der Effekt dieser Challenge

1 Jahr lang übriges Wasser für die Pflanzen verwenden = - Gießwasser
Wie viel l Wasser du damit einsparst, kannst du selbst ausrechnen. Notiere dir einfach, wie oft du folgende Lebensmittel und Getränke pro Woche konsumierst bzw. selbst zubereitest, und rechne die übrig gebliebenen Liter zusammen. Wenn du die Menge mit 52 multiplizierst, erfährst du, wie viele Liter nährstoffreiches Gießwasser du im ganzen Jahr eingespart hast.

Meine Wasser-Einspar-Bilanz

Woche:

Gemüsewasser	l
Eierwasser	l
Tee	l
Mineralwasser	l
Gesamtersparnis der Woche	l

Challenge #17

3 MONATE LANG SELBST GEMACHTE GEWÜRZMISCHUNGEN UND -ÖLE VERWENDEN

Pfeffer, Thymian, Salbei, Oregano & Co bringen Geschmack ans Essen und Würze auf den Tisch. Scharf, mild, bitter, salzig – jedes Gewürz ist einzigartig. Fertige Gewürzmischungen enthalten aber häufig zusätzlich Geschmacksverstärker, und die, die nicht in Bioqualität sind, bringen nicht selten genmanipulierte Pflanzen mit sich oder wurden mit Pestiziden und Schadstoffen produziert, die nicht zuletzt die Ackerböden zerstören. Viele verwendete Kräuter stammen außerdem aus weit entfernten Ländern und haben dementsprechend eine ziemlich miese CO_2-Bilanz. Die beste Alternative ist die eigene Herstellung von Gewürzmischungen und -ölen, im Idealfall aus selbst angebauten Kräutern aus Bio-Saatgut, zumindest aber aus Biokräutern.

Der Effekt dieser Challenge

3 Monate lang nur selbst gemachte Gewürzmischungen und -öle verwenden = - Pestizide, Schadstoffe & CO_2
Es ist schwer nachzuvollziehen, wie viele Schadstoffe in Industriegewürzen enthalten sind. Bei dieser Challenge geht es darum hauptsächlich um das gute Gefühl, zu wissen, was auf dem eigenen Teller landet.

Grundrezept für DIY-Kräuteröl

Du brauchst:
Hochwertiges Pflanzenöl, z. B. kaltgepresstes Olivenöl, Rapsöl, Sonnenblumenöl | sterilisierte Braunglasflasche (mit weitem Hals) | frische Kräuter nach Wahl, z. B. Thymian, Rosmarin, Knoblauch

1. Kräuter abzupfen und säubern, möglichst nicht waschen.
2. Kräuter in die Flasche geben und mit Öl übergießen. Je mehr Kräuter du verwendest, desto intensiver wird das Öl. Flasche luftdicht verschließen. An einem dunklen, kühlen Ort 3–4 Wochen ziehen lassen. Ab und zu ein wenig schütteln. Nach der Ziehzeit das Öl durch ein Teesieb gießen, um die Kräuter zu entfernen (verbleiben sie in der Flasche, verdirbt das Öl schneller). Kühl (nicht kalt!) und dunkel lagern.

Bucket List 35

Challenge #18

3 MONATE LANG ALLE SOSSEN SELBST MACHEN

Viele Gerichte wie Kartoffeln, Reis oder Pasta werden erst mit einer würzigen Soße so richtig lecker. Die Zubereitung ist vielen Menschen jedoch oft zu zeitintensiv, weshalb der Griff zu fertigen Soßen aus dem Supermarkt naheliegt. Viele dieser Produkte enthalten jedoch ohne Ende Zucker, Geschmacksverstärker und Konservierungsstoffe und dafür kaum nährstoffreiches Gemüse, wie ein Blick auf die Zutatenlisten zeigt. Zudem verursachen Fertigsoßen Verpackungsmüll, denn auch die Gläser, in denen sie verkauft werden, müssen entsorgt werden. Wenn du alles selbst zubereitest, ersparst du der Umwelt diesen Müll, die Transportwege und die Produktionsemissionen, und dir selbst eine Menge ungesunder Inhaltsstoffe. Noch dazu ist Selbermachen die sehr viel günstigere Variante. Vor allem, wenn du Gemüse aus dem eigenen Garten verwendest. Wenn das nicht möglich sein sollte, greife auf Biogemüse aus dem Supermarkt oder vom Gemüsehändler zurück. Und denk dran: regional und saisonal einkaufen!

Der Effekt dieser Challenge

3 Monate lang alle Soßen selbst machen = - 24 Soßengläser
Wenn du in der Woche im Schnitt 2 Fertigsoßen aus dem Glas benutzt, kommst du in 3 Monaten auf 24 Gläser.

Vegane Tomatensoße selbst gemacht

Du brauchst:
1 kg frische Tomaten | 3 Schalotten | 3 Knoblauchzehen | Olivenöl | 1 TL getrockneten Thymian | 1/2 TL Piment | 1 Zimtstange | 1 EL Tomatenmark | 2 TL Zucker | 1 Zweig Rosmarin | 1 Zweig Oregano | Salz | Pfeffer

1. Tomaten in grobe Stücke schneiden, Schalotten und Knoblauch klein würfeln.
2. Etwas Olivenöl in einem Topf erhitzen und darin Schalotten, Knoblauch, Thymian, Piment und Zimtstange anrösten. Danach Tomatenmark und Zucker zugeben.
3. Tomaten, Rosmarin und Oregano hinzufügen und die Soße ca. 1 Std. bei mittlerer Hitze und geschlossenem Deckel köcheln lassen. Ab und zu umrühren.
4. Topf vom Herd ziehen, Zimtstange und Kräuter herausnehmen und alles fein pürieren. Mit Salz und Pfeffer abschmecken.

> **Tipp:**
> Wenn es doch mal schnell gehen muss, auf Bio-Soßen ohne Zusatzstoffe setzen. Noch besser: Einen großen Topf Soße vorkochen, portionsweise einfrieren und bei Bedarf auftauen.

Vegane Sahne-Soße selbst gemacht

Du brauchst:
170 g Cashewkerne | 350 ml Wasser | 1 Zwiebel | 2 Knoblauchzehen | frische oder getrocknete Kräuter nach Wahl (z. B. Petersilie oder Thymian) | erhitzbares Pflanzenöl nach Wahl | Salz | Pfeffer

1. Cashewkerne ca. 2 Std. in 350 ml Wasser einweichen, dann pürieren.
2. Zwiebel, Knoblauch und Kräuter klein schneiden.
3. Öl in einem Topf erhitzen, Zwiebeln, Knoblauch und Kräuter darin anbraten.
3. Das Cashewmus einrühren, bis die Soße dick genug ist. Mit Salz und Pfeffer abschmecken.

Vegane Jägersoße selbst gemacht

> **Tipp:**
> Pilzpulver kannst du selbst herstellen, z. B. aus 1 kg frischen Champignons: klein schneiden und im Backofen bei 80 °C und leicht geöffneter Tür für 4–5 Std. trocknen. Nach dem Trocknen mit der Küchenmaschine pulverisieren und luftdicht aufbewahren, z.B. in einem ausgedienten Marmeladenglas.

Du brauchst:
1 Zwiebel | erhitzbares Pflanzenöl nach Wahl | 250 g Champignons | 1 EL Tomatenmark | 1 EL Mehl | 150 ml veganen Rotwein | 250 ml Gemüsefond | 4–5 TL Pilzpulver | Salz | Pfeffer

1. Öl in einem Topf erhitzen, Zwiebel fein würfeln und darin anbraten.
2. Pilze schneiden und mitbraten. Danach Tomatenmark zugeben, Mehl einsieben und alles unter Rühren durchrösten.
3. Mit dem Rotwein ablöschen und unter Rühren einköcheln. Nun Fond und Pilzpulver zugeben und noch etwa 10 Min. köcheln lassen.

Vegane Hollandaise selbst gemacht

Du brauchst:
150 g vegane Margarine | 40 g Mehl | 400 ml Sojasahne | 400 ml kalte Gemüsebrühe | 40 ml veganen Weißwein | 2 TL Senf | Salz | Pfeffer

1. Margarine in einem Topf erhitzen, Mehl hineinsieben und anschwitzen.
2. Sojasahne und kalte Gemüsebrühe in einer eigenen Schüssel vermischen und in die Mehlschwitze einrühren.
3. Weißwein und Senf einrühren und alles aufkochen lassen. Mit Salz und Pfeffer abschmecken.

Bucket List 37

Challenge #19

3 MONATE LANG KEINE FERTIGPRODUKTE MEHR ESSEN

Egal ob Ravioli, Tiefkühlpizza, Eintopf aus der Dose, Pulverpüree, Instantnudeln, Tütensuppen oder Aluschalen-Menüs – Fertiggerichte, die nur noch erwärmt werden müssen, stecken voller Konservierungsstoffe, Geschmacksverstärker, Fett, Salz und Zucker, enthalten jedoch kaum Vitamine. Allein aus gesundheitlicher Perspektive solltest du Fertiggerichte darum nicht allzu häufig essen, denn dein Körper braucht Frischfutter, um optimal funktionieren zu können. Neben deinem Körper freut sich aber auch die Umwelt, wenn du das Zeug im Supermarkt stehen lässt, denn mit dem Fertigessen holst du dir auch jede Menge Verpackungsmüll ins Haus. Außerdem stehen aufwendige Herstellungsprozesse und lange Transportwege dahinter. Am besten kaufst du also unverarbeitete Zutaten – oft gibt's die auch unverpackt, etwa auf dem Markt – und kochst selbst!

Der Effekt dieser Challenge

3 Monate lang keine Fertigprodukte mehr essen = - 24 Verpackungen
Davon ausgehend, dass du 2x pro Woche ein Fertigprodukt isst, kommst du im Monat auf 8 Verpackungen. In 3 Monaten sind das also 24 Stück, und damit füllst du garantiert einen ganzen Müllbeutel. Verzichtest du darauf und bereitest dein Essen stattdessen selbst zu, kommt (bei umsichtigem Einkaufen) quasi kein Müll zustande – und auch kein oder sehr viel weniger CO_2, da du darauf achtest, möglichst klimaneutral Produziertes zu verwenden.

Und wenn deine ganze Familie mitmachen würde?
Eine 4-köpfige Familie spart in 3 Monaten die Verpackung von 96 Fertiggerichten ein. Fast noch prägnanter wirkt sich das jedoch im Portemonnaie aus, denn Fertiggerichte sind deutlich teurer, als wenn man die Zutaten einzeln kauft und etwas Leckeres daraus zaubert, erst recht, wenn man für mehrere Leute auf einmal kocht.

Gibt es auch „gute" Fertigprodukte?

Mittlerweile ja. Einige Naturkosthersteller haben bereits auf die steigende Nachfrage reagiert und Suppen, Pasta, Teigtaschen & Co. in der umweltfreundlicheren Variante hergestellt, in der Regel ohne fiese Zusatzstoffe und Geschmacksverstärker, oft vegetarisch oder vegan. Viele Hersteller setzen zudem auf regionale und saisonale Biozutaten. Aber auch hier lohnt ein wacher Blick auf die Zutatenlisten – und Verpackungsmüll fällt natürlich trotzdem an.

Wenn es denn gar nicht anders geht, dann wenigstens nur zu solchen „guten" Vertretern greifen, am besten in Mehrwegverpackungen, das ist meist bei Suppen und Eintöpfen der Fall. Einige Bauern oder Hofgemeinschaften betreiben auch eigene Automaten, die mit Produkten direkt von den Höfen gefüllt sind. Dort findet man auch häufig selbst gekochte fertige Gerichte wie Spargel- oder Kürbissuppe, oft in Bio-Qualität hergestellt, in der Regel ohne Zusatzstoffe und in Mehrweggläsern. Hier kannst du gerne zugreifen!

> **Tipp:**
> Keine Zeit zu kochen? Im Buchhandel gibt es viele tolle Kochbücher mit leckeren 5- bis 15-Minuten-Rezepten – so viel Zeit kann man doch investieren!

Challenge #20

1 MONAT LANG KEINE LEBENSMITTEL WEGWERFEN

Jedes Jahr werden pro Kopf durchschnittlich 179 kg Lebensmittel weggeworfen. Verdorbenes Obst und Gemüse, abgelaufene Produkte, nicht mehr benötigte Reste – eine immense Verschwendung, der du mit guter Planung und cleverer Resteverwertung entgegentreten kannst.

Der Effekt dieser Challenge

1 Monat lang keine Lebensmittel wegwerfen = - 14,9 kg Lebensmittelmüll
Wenn du einen Monat lang konsequent alle Lebensmittel verbrauchst, sparst du so viel ein, wie der größte Pelikan der Welt auf die Waage bringt.

Und wenn das alle machen würden?
Wenn alle 83 Mio. Einwohner Deutschlands einen Monat lang an dieser Challenge teilnehmen würden, kämen rund 1,2 Mrd. kg weniger Müll aus Lebensmittelresten zustande. Wow!

Schritt für Schritt zu weniger Lebensmittelverschwendung

1. Kaufe nur, was du wirklich brauchst, denn eine gute Küchenplanung ist das A und O, wenn es ums Essen geht. Überlege dir ganz genau, was du in den kommenden Tagen essen möchtest, und kaufe zielgerichtet ein. So vermeidest du einen Überfluss im Kühlschrank, der am Ende schlecht wird und in der Tonne landet.

2. Reste klug verwerten. Egal ob Gemüseschalen oder Weinrest – aus nahezu allen Küchen-Überbleibseln kannst du noch etwas Sinnvolles zaubern. Schau mal hier!

Radieschen-Pesto: Radieschen-Grün eignet sich prima für ein grünes Pesto. Waschen, pürieren, mit Olivenöl mixen. Wenn vorhanden, Parmesan und geröstete Pinienkerne (oder andere Nüsse) ebenfalls pürieren und dazugeben.

Smoothie-Basis: Übriggebliebenes Obst und Gemüse in Stücke schneiden und portionsweise einfrieren. Bei Bedarf auftauen und zu einem leckeren, eiskalten Smoothie verarbeiten.

Crouton-Crossies: Altes Toastbrot würfeln, würzen und in einer heißen Pfanne mit Öl ausbacken.

Wein-Würfel: Rotwein hält nach dem Öffnen noch drei bis fünf Tage im Kühlschrank. Die letzten Tropfen können aber auch im Eiswürfelbehälter eingefroren werden, um damit Soßen zu verfeinern.

Eis-Konfekt: Saft- und Smoothiereste in einen Eiswürfelbehälter füllen, ein paar Stunden durchfrieren lassen, aus dem Förmchen drücken und naschen. Auch lecker: Als Frucht-Kick in ein Glas Sprudelwasser geben.

Suppen-Basis: Küchenabfälle wie Karottenschalen, Kräuterstängel & Co. waschen und in einem Behälter im Tiefkühlfach sammeln, bis darin ca. 5 Handvoll liegen. Diese dann in einen Topf geben, mit Wasser bedecken und 1 Std. kochen, dann 2 Std. ziehen lassen. Den Sud durch ein Sieb abgießen, mit Salz und Pfeffer würzen und als Gemüsesuppen-Basis verwenden.

Kräuter-Aufstrich: Quark- und Crème-Fraîche-Reste werden im Handumdrehen zu einem leckeren Brotaufstrich, wenn sie mit frischen Kräutern, Salz und Pfeffer verfeinert werden. Auch lecker: Gewürzgurke unterrühren.

Reste-Ratatouille: In Ratatouille findet jedes Gemüse Platz, das übrig ist. Einfach klein schnippeln und zusammen mit einer Zwiebel in Öl anbraten. Danach eine Dose passierte Tomaten und einen halben Liter Gemüsebrühe zugeben. Mit Salz und Pfeffer würzen und 20–30 Min. köcheln lassen. Perfekte Beilagen: Baguette, Nudeln, Reis.

Arme Ritter: So wird aus altbackenem Brot oder Toast ein leckeres Frühstück: 250 ml Milch, 1 Ei, 1 Prise Salz und 2 EL Puderzucker verquirlen. Brot in die Eiermilch tauchen und in einer heißen Pfanne mit Butter goldbraun braten. Dazu schmecken Zimt & Zucker, Marmelade oder Obst.

Bananen-Pancake: Eine überreife Banane schälen, zerdrücken, mit 1 Ei vermengen und 30 g Speisestärke unterrühren. In einer gefetteten Pfanne ausbacken.

Leckere Ofen-Crostini: Altes Brötchen in Scheiben schneiden, rösten und auf ein Backblech legen. Mit klein geschnittenen Gemüse-, Kräuter- und Aufschnittresten belegen, mit Salz und Pfeffer würzen. Käse darüber streuen und 10 Min. bei 180 °C (Umluft) backen.

Brot-Chips: Trockenes Baguette in hauchdünne Scheiben schneiden. Auf ein Backblech legen, mit Olivenöl einpinseln und mit Salz, Pfeffer, Chili, Paprika und Knoblauch würzen. Danach für 10 Min. bei 160 °C Umluft im Ofen rösten. Mit Oregano oder Rosmarin bestreut servieren.

Reiswaffel-Mett: Noch Reiswaffeln im Schrank? 50 g klein bröseln, 150 ml Wasser, 1 gehackte Zwiebel, 30 g Tomatenmark, Salz und Pfeffer unterrühren und durchkneten. 5 Stunden im Kühlschrank durchziehen lassen und mit frisch gehackten Zwiebeln auf Brot oder Brötchen essen.

> **Tipp:**
> Du merkst, dass du doch zu viel des Guten hast? Kein Problem, einfach bei den Nachbarn klingeln oder Freunde und Familie fragen, ob sie etwas brauchen. Sie freuen sich garantiert. Alternativ einfach alles zubereiten und die Extra-Portion einfrieren. Es gibt auch Apps wie Foodsharing, bei denen man solche Überschüsse zur Abholung anbieten bzw. selbst Übriggebliebenes in seiner Nähe retten kann.

Challenge #21

1 JAHR LANG KEINE FOLIEN MEHR VERWENDEN

Mit jedem Einsatz von Backpapier und Folie entsteht neues Futter für den Mülleimer, denn die Produkte werden in der Regel nur einmal verwendet. Als besonders problematisch gilt Alufolie. Für sie werden immer wieder ganze Wälder gerodet, denn nur so kommt man an das Erz Bauxit, das zu 60 % aus Aluminium besteht. Bei dessen Weiterverarbeitung wird Aluminiumoxid freigesetzt, eingeschmolzen und zu Aluminium umgewandelt – ein energiefressender Prozess, bei dem Rotschlamm entsteht: Dieses Gemisch aus hochgiftigen Chemikalien kann nicht weiterverarbeitet werden und landet auf Deponien oder (der Super-GAU für die Umwelt!) in Seen und Flüssen. Zudem steht Aluminium im Verdacht, Nervensystem, Knochenstoffwechsel und Fruchtbarkeit negativ zu beeinflussen, und wurde schon mit Krebs und Alzheimer in Verbindung gebracht.

Der Effekt dieser Challenge

1 Jahr lang keine Folien mehr verwenden = - 6 Rollen Folien
Wenn du ein Jahr lang auf sämtliche Verpackungsmaterialien verzichtest, sparst du je nach individuellem Verbrauchsverhalten etwa 3 Rollen Alufolie, 2 Rollen Backpapier und 1 Rolle Frischhaltefolie ein. Noch mehr sparst du ein, wenn du auch beim Kauf von anderen Produkten auf den Einsatz von Aluminium achtest.

Ein Leben ohne Folien – so geht's ganz leicht!

1. Lebensmittel zur Aufbewahrung in Schraubgläser, Frischhalte- und Gefrierdosen einpacken.
2. Schüsseln, Töpfe & Co mit Tellern abdecken statt mit Folie.
3. Beim Einkaufen auf aluminiumfreie Produkte achten, z. B. bei Getränkekartons, Dosen und Joghurt mit Aludeckel. Stattdessen Produkte im Glas kaufen.

Tipp:
Es stimmt, Aluminium lässt sich sehr gut recyceln. Solange es „pur" vorliegt. Das Metall steckt jedoch auch in Saft- oder Kaffeepackungen und kann dort nur schwer herausgelöst werden, also auch nicht recycelt werden. Und wenn z. B. bedruckte Aludosen eingeschmolzen werden, können die Aufdrucke Giftstoffe freisetzen.

4. Folien, die du noch im Schrank liegen hast, mehrfach verwenden.
5. Beim Backen Bleche und Formen mit Butter oder Öl einfetten statt Backpapier zu verwenden. Alternativ kompostierbares Backpapier einsetzen, das ist nicht gebleicht.
6. Bienenwachstücher verwenden. Diese Baumwolltücher, die mit einer Wachsmischung beschichtet sind, halten Lebensmittel lange frisch und sind wiederverwendbar.

Wachstücher selbst herstellen

Du brauchst:
altes Geschirrtuch | 6 EL Bienenwachs | flache Schüssel | Backpinsel

1. Das Wachs in die Schüssel geben und im Backofen bei ca. 65° ein paar Minuten lang erwärmen, bis es schön flüssig ist.
2. Das Tuch ins flüssige Wachs legen, das Wachs mit dem Pinsel bis über die Ecken verteilen.
3. Das Tuch herausnehmen, überschüssiges Wachs mit dem Pinsel abstreifen und das Tuch zum Trocknen aufhängen.
4. Den getrockneten Stoff zwischen Butterpapier legen und mit geringer Hitze bügeln.

Tipp:
Das Wachstuch kannst du bei Bedarf ganz einfach mit lauwarmem Wasser reinigen.

Challenge #22

6 MONATE LANG RESSOURCEN-SCHONEND WASSER KOCHEN

Wenn man ganz simpel Wasser kochen möchte, lässt sich einiges an Energie sparen, wenn du ein paar Kleinigkeiten beachtest.

Die besten Energiespartricks beim Wasserkochen

1. Bis 1,5 l Wasser im Wasserkocher erhitzen. Die Flüssigkeit kocht bereits nach 3–4 Min. und es geht nur wenig Wärme ungenutzt verloren.
2. Größere Mengen auf dem Herd bei geschlossenem Deckel erwärmen und möglichst einen Induktionsherd oder einen Gasherd anschaffen.
3. Wenn der Topf genau auf die Kochzone passt, geht keine Energie verloren.
4. Nicht mehr Wasser kochen, als du wirklich benötigst.
5. Möglichst Schnellkochtöpfe verwenden: Sie verkürzen die Kochzeit und senken somit den Stromverbrauch.

Der Effekt dieser Challenge

6 Monate lang ressourcenschonend Wasser kochen = - 75% Energie
Wenn du den Wasserkocher nimmst, spart das schon 30% ein, mit einem Induktionsherd lassen sich 40% einsparen. Unschlagbar ist es, ein Ei in einem Eierkocher zu kochen statt im Topf: Das benötigt bis zu 75% weniger Strom!

Übrigens:
Warmes Wasser aus der Leitung aufzukochen, ist nur dann effizienter, wenn das Wasser in der Leitung nicht elektrisch erwärmt wurde.

Challenge #23

1 MONAT LANG RESSOURCENSCHONEND MIT DECKEL KOCHEN

Jeder Topf hat einen Deckel – und das ist nicht nur sprichwörtlich beruhigend, sondern auch im Sinne der Umwelt, denn: Ein Topfdeckel ist ein wahres Energiesparwunder!

Der Effekt dieser Challenge

1 Monat lang ressourcenschonend mit Deckel kochen = - 9,23 kg CO_2
Durchschnittlich verursachen wir durch Kochen 240 kg CO_2 pro Jahr. Wir sparen die Hälfte ein, wenn wir mit Deckel kochen, und sparen so in 1 Monat schon ca. 9,23 kg CO_2.

Tipp:
Wenn du außerdem nur so viel Wasser wie nötig erhitzt, verkürzt das die Zeit, bis es kocht, noch zusätzlich.

Bucket List

Challenge #24

1 JAHR LANG NACHHALTIG GESCHIRR SPÜLEN

Generell gilt: Bei gleichen Voraussetzungen ist das Geschirrspülen mit einer modernen Maschine günstiger als das Spülen per Hand. Wirklich nachhaltig ist es aber nur, wenn man so lange dreckiges Geschirr sammelt, bis eine Spülmaschine voll ist. Wer keine Spülmaschine besitzt, sollte ein paar Kniffe kennen und nicht unter fließendem Wasser abwaschen, denn dabei fließt viel zu viel Wasser ungenutzt in den Abfluss.

Der Effekt dieser Challenge

1 Jahr lang nachhaltig Geschirr spülen = - 312 l Wasser
Neue Spülmaschinen verbrauchen im Durchschnitt 8 bis 10 Liter Wasser pro Spülgang. Davon ausgehend, dass du einmal pro Woche eine Maschine anstellst, kommt man im Jahr auf 416 bis 520 l Wasser. Ältere Maschinen verbrauchen hingegen bis zu 14 l pro Spülgang und damit im Jahr bis zu 728 l! Du sparst mit einer modernen Maschine also mehrere Regentonnen voller frischem Wasser ein. Hinzu kommt die Energieersparnis, die durch die meist bessere Energieeffizienzklasse einer neuen Maschine erreicht wird.

So wird's per Hand am besten sauber

1. Speisereste in der Biotonne entsorgen. Angetrocknetes und Eingebranntes einweichen, dazu 1–2 Tropfen Spüli geben.
2. Becken bis zur Hälfte mit heißem Wasser füllen. Spülmittel erst am Ende zufügen, dabei den Dosierhinweis beachten.

Tipp:
Natürlich sollte auch das Geschirr für die Spülmaschine von groben Speiseresten befreit sein. Vorspülen ist aber meist nicht notwendig. Nutze möglichst das Spar- oder Kurzprogramm bei niedriger Temperatur. Außerdem: Maschine regelmäßig säubern, Spülmaschinenreiniger exakt dosieren und dabei auf umweltfreundliche Produkte setzen.

Challenge #25

1 MONAT LANG SELBST GEMACHTES SPÜLMITTEL NUTZEN

Spülmittel enthalten jede Menge Chemikalien, damit Teller und Tassen im Handumdrehen sauber werden – und die sind sowohl für unsere Gesundheit als auch für die Umwelt belastend. Eine umweltfreundliche Alternative ist selbst gemachtes Spülmittel, und damit sparst du auch noch die Plastikverpackung ein.

Der Effekt dieser Challenge

1 Monat lang selbst gemachtes Spülmittel nutzen = - belastetes Spülwasser
In Deutschland werden pro Jahr etwa 260.000 l Spülmittel verbraucht, pro Monat macht das ca. 21.667 l. Auf eine Einzelperson gerechnet ist die Menge sehr klein, etwa um die 100 ml, aber es zählt wie immer jeder Beitrag!

DIY-Spülmittel, ganz umweltfreundlich

Du brauchst:
20 g Bio-Kernseife | 2 TL Natron | 10–15 Tropfen ätherisches Öl nach Wahl | Glasflasche o.ä.

1. Erhitze in einem Kochtopf 500 ml Wasser und rasple währenddessen die Kernseife in eine Schüssel.
2. Überschütte die Seifenspäne mit dem kochenden Wasser und rühre so lange mit einem Schneebesen, bis sich die Seife komplett aufgelöst hast.
3. Lasse die Mischung abkühlen; zwischendurch immer mal wieder umrühren. Sollte die Konsistenz puddingartig werden, noch ein bisschen Wasser nachgießen.
4. Zum Schluss Natron und ätherisches Öl unterrühren und in eine Flasche umfüllen. Ein Teelöffel pro Abwasch reicht aus.

Tipp:
Achtung: Herkömmliche Spülschwämme und Spülbürsten geben Mikroplastik ans Abwasser ab. Besser sind Luffa-Schwämme bzw. Bürsten mit Naturfaserborsten.

Bucket List 47

Challenge #26

ALLE 6 MONATE DIE TIEFKÜHLGERÄTE ABTAUEN

Bei Kühlgeräten ist es im Prinzip ganz einfach: Je dicker die Eisschicht, desto schlechter ist die Kühlleistung und desto höher ist der Stromverbrauch. Es könnte sogar sein, dass das Gerät die erforderliche Kühltemperatur gar nicht mehr erreichen kann und die Lebensmittel auf lange Sicht verderben. Die Gefriertruhe alle paar Monate abzutauen, ist also sehr wichtig. Eine weitere wichtige Rolle spielt die Energieeffizienzklasse des Geräts.

Der Effekt dieser Challenge

Alle 6 Monate die Tiefkühlgeräte abtauen = - Stromverschwendung
Bei dieser Challenge geht es weniger um eine konkrete Zahl, sondern um die optimale Nutzung deines Gerätes: Wartest du es entsprechend, verbrauchst du keinen unnötigen Strom. Das ist alles, und das ist schon ganz schön viel!

Abtauen mit System

1. Während des Abtauens musst du dein Gefriergut in Sicherheit bringen. Am besten fragst du deine Nachbarn, ob sie noch Platz in der Truhe haben. Alternativ legst du deine TK-Lebensmittel in die Badewanne, drapierst ein paar Kühlakkus oben drauf und deckst alles mit einer Decke ab. Im Winter kannst du den Balkon oder die Terrasse als Zwischenlager nutzen, sofern es draußen wirklich kalt ist.

2. Stelle nun einen Eimer heißes, dampfendes Wasser ins Kühlfach bzw. in die Truhe und lege ein paar Handtücher drumherum aus, die das Schmelzwasser aufsaugen. Danach: Deckel drauf bzw. Tür schließen und abwarten. Dauert dir der Abtauprozess zu lange, kannst du das Eis an den Innenwänden mit einem Spachtel aus Holz oder Kunststoff abschaben. Keinen Metallgegenstand verwenden, sonst riskierst du einen Schaden an der Truhenwand!

Tipp:
Ältere Kühltruhen bilden schneller Eis und sollten daher 3-4 Mal pro Jahr abgetaut werden.

Das hat Klasse!

Alte Gefriergeräte können echte Stromfresser sein, vor allem, wenn die Abdichtung mit den Jahren gelitten hat. Ein neues Modell anzuschaffen kann also sehr sinnvoll sein hinsichtlich des Energieverbrauchs. Wichtig ist vorher zu überlegen, welche Größe du tatsächlich benötigst, denn je größer das Gerät, desto größer der Stromverbrauch. Wie effizient das Gerät, das du dir ausgesucht hast, wirklich ist, verrät dir der Aufkleber mit der Energieeffizienzklasse. Greife unbedingt zu einem Modell der Kategorie A+++.

> **Übrigens:**
> Häufig wird das Abtauen mit dem Föhn empfohlen. Bedenke dabei, dass der Prozess auf diese Weise Strom verbraucht, was eigentlich unnötig ist. Außerdem ist es nicht ganz ungefährlich, denn Elektrizität und Tauwasser sind nicht die allerbeste Kombination.

Challenge #27

1 JAHR LANG KEINE NEUEN TÜTEN KAUFEN

Plastiktüten stehen schon lange in der Kritik von Umweltschützern, denn es dauert mehrere hundert Jahre, bis sie vollständig abgebaut sind. Für gute Alternativen halten die meisten Menschen Papiertüten – doch das ist leider ein Trugschluss. Ungebleichte Papiertüten sehen zwar umweltfreundlicher aus, sind aber am Ende nicht wirklich besser als normale Kunststofftüten. Der Grund: Die Papiertüten werden aus Frischfaser hergestellt, nicht aus echtem Altpapier, wie man der Optik nach vermuten würde. Dazu kommt, dass die Herstellung von Zellulose für Papiertüten äußerst energie- und wasseraufwendig ist. Um Papiertüten möglichst stabil zu machen, sind außerdem sehr viel Material sowie lange und chemisch behandelte Fasern nötig. Ähnlich sieht es übrigens beim Stoffbeutel aus, der ebenfalls als gute Alternative gilt. Das ist er auch – aber nur, wenn er richtig oft genutzt wird. Die Produktion der Baumwolle belastet die Umwelt nämlich durch hohen Wasserverbrauch und starken Pestizideinsatz. Einen Jutebeutel solltest du also mindestens 30-mal verwenden, um die schlechte Klimabilanz auszugleichen.

Der Effekt dieser Challenge

1 Jahr lang keine neuen Tüten kaufen = - 6,24 kg CO_2
Bei 2 Einkäufen pro Woche mit je 1 Plastiktüte sparst du im Jahr 104 Plastiktüten ein. Da die Herstellung einer Plastiktüte ca. 120 g CO_2 verursacht, sind das in 1 Jahr etwa 6,24 kg CO_2.

Und wenn das alle machen würden?
Hochgerechnet auf alle 83 Mio. Einwohner Deutschlands wäre das eine Einsparung von 517.920 t CO_2. Wow!

Die Top 3 der „echten" Alternativen – sofern fair produziert!

1. Rucksack

2. Korb aus Weidenholz (nicht aus Plastik!)

3. Einkaufsroller

Bucket List

Biokunststoffe als Alternative?

Viele Menschen fragen sich, ob Biokunststoffe eine schonende Alternative zur Plastiktüte sind. Die Antwort: Ja, in puncto Herstellung und Entsorgung schon. Sie bringen aber auch neue Probleme mit sich. Der Anbau der Plastikrohstoffe (z. B. Mais, Kartoffeln oder Zuckerrohr) wirkt sich negativ auf die Umwelt aus, denn auch dafür wird Erdöl benötigt, zum Beispiel für die Herstellung von Diesel und Düngemitteln. Laut Umwelt Bundesamt werden die Böden oft überdüngt, was dazu führt, dass Nährstoffe in Flüsse und Seen gelangen. Dadurch werde das Wachstum von Algen beschleunigt, was die Gewässer belastet und Fische sterben lässt. Und auch aus den geernteten Pflanzen muss in Fabriken Plastik erzeugt werden, was wiederum zu Umweltbelastungen führt. Man muss deshalb sagen: Biobasierte Kunststoffe sind noch längst nicht deutlich umweltfreundlicher als herkömmliche Kunststoffe.

Challenge #28

1 MONAT LANG OHNE „TO GO-WASTE"

Der kleine Snack unterwegs hat es meistens ganz schön in sich – nicht nur, was seine Kalorienbilanz angeht, sondern vor allem, wenn man an den ganzen Müll denkt.

Der Effekt dieser Challenge

1 Monat ohne „To Go-Waste" vom Bäcker = - 20 Pappbecher + Plastikdeckel + Brötchentüten
Wenn du ab sofort eine Edelstahlbox mit zur Arbeit nimmst, in die du deine Sachen vom Bäcker packen lässt, sowie deinen eigenen Thermobecher, sparst du nicht nur pro Tag drei Stücke Müll ein – und damit etwa einen halben Müllbeutel –, sondern auch noch ein paar Cent, denn häufig gibt es Rabatt auf Kaffee, Tee & Co. im eigenen Becher.

6 To-Go-Müll-Fallen

1. Bäcker
Kuchen und belegte Brötchen werden auf dem Pappteller angerichtet, alles andere landet in der Papiertüte, dazu kommt der To-Go-Kaffeebecher, der sowohl nicht recyclebaren Papp- als auch Plastikmüll hinterlässt.

2. Supermarkt
Nicht nur beim Wocheneinkauf solltest du versuchen, Müll zu vermeiden, sondern auch bei der schnellen Mittagspause mit dem Plastikbehälter von der Salatbar und der Dosenlimo. Besser: Am Vorabend eine Portion mehr kochen und mit ins Büro nehmen. Dazu Wasser aus der Leitung trinken.

3. Imbiss
Currywurst, Falafel, vietnamesische Pho Suppe – Imbissessen wird oft doppelt und dreifach in Papier und Plastik verpackt, damit nichts ausläuft, und dann noch in eine Tüte gestopft. Bei jedem Tag Take Away verursachst du so etwa ganze zwei Müllsäcke in 4 Wochen, oder sogar noch mehr. Die bessere Lösung: Vor Ort essen, von echtem Geschirr.

Bucket List

4. Kiosk
Schokoriegel, Softdrinks, Kaugummi – alles ist mehr oder weniger mit Müll verbunden. Meide der Umwelt zuliebe Leckereien, die in Plastik verpackt sind, und kaufe Limo in Glasflaschen.

5. Bahnhof
Wenn du mit dem Zug unterwegs bist, ist es natürlich sehr verlockend, den kleinen Hunger am Snackautomaten zu stillen. Besser und billiger ist es, die eigene Edelstahlbox beim Bahnhofsbäcker oder beim Imbiss füllen zu lassen – und meistens ist das auch noch deutlich gesünder!

6. Flughafen
Nach der Sicherheitskontrolle darf man keine Getränke mehr im Handgepäck haben, und ab da gibt es nur noch überteuerte, verpackte Getränke zu kaufen. Nimm beim nächsten Flug darum eine leere (oder eine faltbare) Trinkflasche mit und fülle sie hinter dem Security-Check mit Leitungswasser aus dem Wasserspender oder dem Wasserhahn auf.

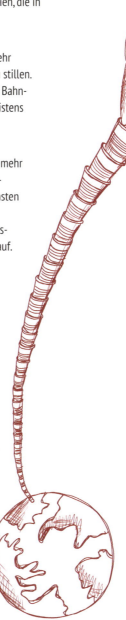

> **Tipp:**
> Informiere dich im Ausland vorab, ob man das Leitungswasser bedenkenlos trinken kann.

Challenge #29

3 MONATE LANG NICHTS IN DOSEN UND GLÄSERN KAUFEN

Ravioli, Erbsensuppe, Mais, Bohnen, passierte Tomaten – im Supermarkt findest du etliche Lebensmittel, die in Konservendosen verkauft werden. Leider landen sie nach dem Öffnen auf direktem Wege im Müll. Gemüse & Co. in Gläsern klingen umweltfreundlicher, doch dabei handelt es sich leider um einen Trugschluss, denn für die Gläser gibt es in der Regel kein Mehrwegsystem. Das Glas lässt sich zwar einschmelzen, doch dieser Prozess ist genau wie bei Konservendosen sehr energieintensiv. Das Beste ist also wieder mal der Verzicht auf die Convenience-Produkte.

Der Effekt dieser Challenge

3 Monate lang nichts in Dosen und Gläsern kaufen = -24 Dosen + Gläser
Gehen wir davon aus, dass du pro Woche 2 Dosen und 2 Gläser öffnest, sparst du im Monat 8 Dosen und 8 Gläser ein. In drei Monaten kommst du so auf je 24 Behältnisse, die einen ganzen Müllsack füllen würden (natürlich entsorgst du aber weder Glas noch Dosen im Restmüll).

Und wenn das alle machen würden?
Bei 83 Mio. Einwohnern kämen in drei Monaten je 1, 2 Mrd. Gläser und Dosen zusammen – oder 83 Mio. prall gefüllte Müllsäcke!

Upcycling-Ideen

Wenn du nicht drum herumkommst, eine Konserve oder ein Glas zu kaufen, mach zumindest noch etwas daraus, z.B. einen Konserven-Blumentopf: Dafür 3 Löcher in den Dosenrand bohren, eine Kordel durchziehen, die Dose bepflanzen und aufhängen.

Aus einem Glas kannst du ganz einfach ein Utensilo basteln, indem du es mit umweltfreundlicher Farbe bemalst und z.B. Kosmetikpinsel, Zahnbürsten oder Stifte hineinstellst.

Challenge #30

1 JAHR LANG DIE INHALTSSTOFFE VON LEBENSMITTELN ANALYSIEREN

Hast du dich schon mal damit beschäftigt, welche Inhaltsstoffe in deinen Lebensmitteln stecken? Wenn nicht, solltest du das ab heute tun, denn unser Essen ist voll von unnatürlichen Zusatzstoffen. Um dich davor zu schützen, studiere in Zukunft ganz genau die Zutatenliste.

Der Effekt dieser Challenge

1 Jahr lang die Inhaltsstoffe von Lebensmitteln analysieren = - Emulgatoren, künstliche Aromen, Konservierungs- und Farbstoffe, Palmöl, Zuckerersatz …

Die wichtigen Fragen beim Lebensmitteleinkauf

Musste für dieses Produkt ein Tier in Massenhaltung sterben?

Nein   Ja – bitte weglegen.

Entdeckst du künstliche Zusatzstoffe auf der Zutatenliste?

Nein   Ja – bitte weglegen.

Steckt in diesem Produkt Palmöl?

Nein   Ja – bitte weglegen: Dafür musste Regenwald abgeholzt werden!

Ist das Produkt (mit Siegel) „fair" oder „bio" produziert?

Nein – bitte weglegen und eine Alternative in „fair" oder „bio" suchen.   Ja.

Bucket List   55

Challenge #31

1 MONAT LANG KEINEN VERPACKUNGSMÜLL PRODUZIEREN

Kaufen, auspacken, wegwerfen, so sieht der Alltag vieler Deutscher aus. Verglichen mit dem Rest der EU produziert jeder Einzelne von uns weit mehr Müll als der Durchschnitt.

Der Effekt dieser Challenge

1 Monat lang keinen Verpackungsmüll produzieren = -16,9 kg Verpackungsmüll
Laut Umweltbundesamt fallen in Deutschland pro Jahr mehr als 18 Mio. t Verpackungsmüll an – Tendenz steigend. Pro Kopf macht das etwa 220,5 kg pro Jahr. Der EU-Durchschnitt liegt bei 167,3 kg pro Nase, mit 189 kg in Frankreich, 153 kg in Österreich und 68 kg in Griechenland.

Verpackungen einsparen – ganz easy

1. **In Unverpacktläden einkaufen**
   Egal ob Müsli oder Gemüse, alles wird in mitgebrachte Boxen und Vorratsgläser gefüllt.
2. **Auf den Wochenmarkt gehen**
   Regionale Produkte, in die eigenen Edelstahlboxen oder den Korb gepackt – lecker!
3. **Beim Bauern kaufen**
   Eier, Obst, Gemüse und Milch gibt es auf dem Land oft direkt beim Erzeuger, in Mehrwegverpackungen, die zurückgebracht und neu befüllt werden.
4. **Grüne Box bestellen**
   Regionales, saisonales Biogemüse kannst du online bestellen und in einer wiederverwendbaren Box wöchentlich nach Hause oder an eine Abholstelle liefern lassen.
5. **Selbst anbauen**
   Gemüse und Obst aus dem eigenen Garten kommen immer ohne Verpackung (s. S. 8)!
6. **Leitungswasser trinken**
   Trinke Leitungswasser statt Getränke aus PET-Flaschen und nutze wiederverwendbare Trinkflaschen.

Tipp:
Schließe dich mit deiner Hausgemeinschaft zusammen, dann braucht der Lieferant nur einmal zu fahren.

Challenge #32

3 MONATE LANG AUF PALMÖL VERZICHTEN

Laut „Rettet den Regenwald e.V." ist Palmöl mit 66 Mio. t im Jahr das meist produzierte Pflanzenöl der Welt. Um das Öl gewinnen zu können, müssen unglaublich viele Ölpalmen angebaut werde, und zwar derzeit auf 27 Mio. ha Land. Das entspricht etwa der doppelten Fläche von ganz Griechenland – eine gigantische Industrie, für die hektarweise Regenwald abgeholzt wird.

Der Effekt dieser Challenge

3 Monate lang auf Palmöl verzichten = - Regenwaldrodungen, klimaschädliche Emissionen, Ausbeutung von Arbeitern, Zerstörung des Lebensraums von Orang-Utans und anderen Regenwaldbewohnern
Schwer zu sagen, wie viel Palmöl man einspart, doch es muss eine Menge sein, denn das Öl steckt mittlerweile in jedem zweiten Produkt – auch in einigen Bioprodukten.

Wo ist überall Palmöl drin?

Leider ist es sehr schwer, auf Palmöl zu verzichten, denn es ist gefühlt überall drin: in Lebensmitteln wie Margarine und Salatölen, Keksen und Schokolade, Aufbackbrötchen und Pommes Frites, Fertigpizza und Tütensuppen; aber auch in Haushalts- und Hygieneartikeln wie Kerzen, Lippenstift, Lotion, Sonnencremes oder Farben.

Die Alternativen muss man suchen, aber es gibt sie, z.B. Schokocremes, die gänzlich auf Palmöl verzichten. Achte aber darauf, dass nicht Kokosöl oder ein anderes tropisches Öl als Ersatz verwendet ist, sondern möglichst Bio-Öl aus heimischen Pflanzen wie Sonnenblumen- oder Rapsöl.

> **Übrigens:**
> Raffiniertes Palmöl, das in vielen Lebensmitteln enthalten ist, steht übrigens aufgrund seiner Transfettsäuren im Verdacht, krebserregend zu sein.

Challenge #33

1 JAHR LANG AUF DUSCHGEL VERZICHTEN

Duschgel und Seife duften herrlich, das war's aber auch schon. Denn eigentlich brauchen wir die kleine Schaumparty beim Duschen und Baden überhaupt nicht – sauber werden wir nämlich auch mit Wasser, so Dermatologen, die überhaupt keine Fans von Duschgel & Co. sind: Jedes Duschen und Einseifen greift nämlich den natürlichen Schutzmantel der Haut an und entfernt nicht nur Schmutz und Schweiß, sondern auch Fette, Talg und Keime, die für den Schutz unserer Haut zuständig sind. Die Umwelt freut sich ebenfalls, wenn wir in Zukunft kein Duschgel mehr verwenden, denn konventionelle Produkte enthalten jede Menge Chemie, wie künstliche Farb- und Duftstoffe. Einige dieser Stoffe stehen sogar im Verdacht, krebserregend zu sein. Besonders problematisch sind Duschgels, in denen Tenside auf Erdölbasis und Mikroplastik stecken: Sie landen nach dem Schaumbad im Abwasser und schlechtestenfalls in unseren Gewässern, weil sie nicht gefiltert und abgebaut werden können.

Der Effekt dieser Challenge

1 Jahr lang auf Duschgel verzichten = - 12 Duschgelverpackungen, jede Menge Farbstoffe, Duftstoffe, Tenside, Mikroplastik
Eine Flasche Duschgel reicht etwa 1 Monat. Wenn du 1 Jahr lang nur mit Wasser duschst, sparst du also die Verpackungen und Schadstoffe aus 12 Flaschen.

Und wenn das alle machen würden?
Bei 83 Mio. Einwohnern wurden wir im Jahr fast 1 Mrd. Plastikflaschen einsparen.

Nachhaltige Schaumpartys feiern

Du möchtest nicht auf dein Duschgel verzichten, zumindest nicht immer, etwa nach dem Sport oder anderen körperlichen Anstrengungen? Dann greife zu zertifizierter Naturkosmetik, denn diese reinigt und pflegt ohne bedenkliche Inhaltsstoffe. Achte auf die Siegel von BDIH, Natrue oder Ecocert. Auch palmölfreie Naturseife ist eine gute Alternative, denn auch sie besteht aus rein pflanzlichen Rohstoffen und hat meist keine extra Verpackung.

Ausnahme: Hände waschen

In der Dusche kannst du dir die Seife sparen. Beim Händewaschen solltest du aber nicht darauf verzichten, denn damit schützt du dich (und andere) vor Infektionen. 20 bis 30 Sekunden solltest du investieren, um deine Hände gründlich zu reinigen, dabei aber bitte nicht das Wasser laufen lassen und Bionaturseife verwenden.

Challenge #34

1 JAHR LANG KEIN HERKÖMMLICHES SHAMPOO VERWENDEN

In vielen Kosmetikprodukten wie Peelings oder Shampoos steckt Mikroplastik. Das sind winzige Plastikpartikel, die mit dem Abwasser in die Umwelt geschwemmt werden, weil die Kläranlagenfilter sie nicht zu fassen bekommen. Das Problem an Mikroplastik ist, dass es mit dem Wasser auf Felder, in Flüsse, Seen und Meere und von dort in die Mägen von Tieren und in unsere Körper gelangt und uns krank macht. Hinzu kommt, dass Mikroplastik Schadstoffe wie ein Magnet anzieht und an sich bindet. Die Meeresbewohner (oder auch beispielsweise die Kühe auf der mit belastetem Wasser gesprengten Wiese) futtern also nicht nur Plastik, sondern die Kombi aus Plastik und Schadstoffen.

Der Effekt dieser Challenge

1 Jahr lang kein herkömmliches Shampoo verwenden = - Polyethylen, Acrylate, Polyamide, Polyacrylate, Polypropylene, Polystyrene, Polyurethane

Zum Glück haben viele Unternehmen bereits verstanden, wie schädlich die Plastikpartikel sind, und verzichten darauf. Am besten informierst du dich aber vor dem Kauf noch einmal ganz genau, ob du wirklich ein Shampoo ohne Plastik in der Hand hältst, denn einige Produkte wurden nur hinsichtlich Polyethylen überarbeitet, enthalten aber noch jede Menge andere Kunststoffe wie Acrylate, Polyamide, Polyacrylate, Polypropylene, Polystyrene und Polyurethane.

Die Top 3 Shampoo-Alternativen

1. **Bio-Shampoo**
   Die Hersteller verwenden keine Mikroplastik in ihren Produkten, die zudem in der Regel tierversuchsfrei und häufig vegan sind.

2. **Haarseife**
   Sie spart Verpackungsmüll und ist deutlich ergiebiger als normales Shampoo. Wichtig ist, dass du auf eine palmölfreie Variante in Bioqualität setzt.

3. **No Poo**
   Am umweltfreundlichsten ist es, wenn du deine Haare fortan ganz ohne Shampoo wäschst. Im Internet findest du zahlreiche Hausmittel, die du stattdessen verwenden kannst, wie Heil- oder Lavaerde.

Tipp:
Einen beliebten No-Poo-Mix machst du dir aus 3–4 EL feinem Vollkorn-Roggenmehl und Wasser: Vermischen, ins Haar kneten und gründlich ausspülen. Klingt komisch, funktioniert aber! Allerdings brauchen die Haare ein paar Wochen, um sich an dieses „neue Shampoo" zu gewöhnen.

Challenge #35

1 MONAT LANG DEIN MUNDWASSER SELBST ANRÜHREN

Auch Mundwasser kannst du auf ganz natürliche Weise herstellen, so weißt du, was wirklich drin steckt. Die meisten Industrieprodukte enthalten nämlich viele Chemikalien – viele unbedenklich, aber zum Teil auch Bedenkliches. Abgesehen davon vermeidest du Plastikmüll, denn die meisten Produkte kommen in einer Plastikverpackung daher.

Der Effekt dieser Challenge

1 Monat lang dein Mundwasser selbst anrühren = - 1/3 Plastikflasche

Zugegeben, die Müllersparnis ist nicht besonders hoch, denn Mundwasser sind in der Regel sehr ergiebig. Je nach Flaschengröße kommst du mit 1 Packung sicher bis zu 3 Monate aus. Aber: Besser wenig Plastik sparen als gar keines, oder?

DIY-Mundspülung

Du brauchst:
1 EL Natron | 35 g Xylit (Birkenzucker) | leere Glasflasche | 8–10 Tropfen Pfefferminzöl

Gib Natron und Xylit in die Glasflasche und fülle diese mit 500 ml lauwarmem Wasser auf. Dann das Pfefferminzöl hinzufügen, gut schütteln – und fertig.

Das Natron neutralisiert die Säuren im Mund und verhindert, dass diese deinen Zahnschmelz angreifen, und das Xylit schützt die Zähne vor Karies verursachenden Bakterien.

Tipp:
Am besten benutzt du das Mundwasser jeden Abend nach dem Zähneputzen. Ein kleiner Schluck reicht, kurz damit den Mundraum spülen und danach ausspucken. Wichtig: Nicht runterschlucken, nicht nachspülen. Du bekommst deinen Mundgeruch trotzdem nicht in den Griff? Vielleicht liegt's am Zungenbelag. Gehe einmal die Woche mit einem Teelöffel über deine Zunge und schabe die Beläge ab.

Bucket List 61

Challenge #36

1 MONAT LANG BIO-ZAHNPASTA VERWENDEN

Konventionelle Zahnpasta enthält oft Inhaltsstoffe, die alles andere als natürlich sind, etwa Mikroplastik. Wer nachhaltiger handeln möchte, sollte auf Bio-Alternativen umsteigen oder auf Zahnputztabletten, die ohne Plastikverpackung auskommen und in vielen Unverpackt-Läden angeboten werden. Sie werden einfach gekaut, bis sie im Mund anfangen zu schäumen – danach wird wie gewohnt mit der Zahnbürste geputzt.

Der Effekt dieser Challenge

1 Monat lang Bio-Zahnpasta verwenden = - 10 g Mikroplastik
Wenn du pro Monat eine Tube Bio-Zahnpasta mit 100 g Inhalt aufbrauchst, sind das etwa 10 g Mikroplastik, die du im Vergleich zu konventioneller Zahnpasta einsparst. Mit unverpackten Zahnputztabletten sparst du in 1 Monat zusätzlich eine Verpackung ein.

Und wenn deine Familie mitmachen würde?
Bei einer vierköpfigen Familie würdet ihr in 1 Monat bis zu 40 g Mikroplastik einsparen (und mit Zahnputztabletten 4 Tuben) und damit im Jahr bis zu 480 g Mikroplastik (und mit Zahnputztabletten 48 Tuben)!

Nachhaltige Mundpflegeausrüstung

- Die meisten von uns stecken sich jeden Tag zwei- bis dreimal ein Stück Plastik in den Mund – die Zahnbürste. Einige dieser Modelle enthalten Schadstoffe, so der BUND. Besser ist eine Bürste aus nachhaltigem Material, das nach Gebrauch auf dem Kompost oder in der Biotonne entsorgt werden kann, etwa aus Holz oder Bambus. Beim Kauf auf Siegel wie Fairtrade oder FSC achten und Borsten aus Bio-Nylon auf Basis von Rizinusöl wählen.

- Konventionelle Zahnseide besteht aus Kunststoff und Nylon; Bio-Zahnseide hingegen ist aus Naturmaterialien hergestellt. Und auch bei Interdentalbürsten und Zungenschaber gibt es bereits nachhaltigere Modelle mit Bambusgriff und aus Edelstahl.

Challenge #37

3 MONATE LANG BIO-PEELING SELBST MACHEN

Auch herkömmliche Peelings enthalten in der Regel Mikroplastik, das mit dem Abwasser in unsere Flüsse, Seen und Meere gespült wird und auch auf die Felder und damit auf unsere Teller und in unsere Körper gelangt. Dabei gibt es tolle DIY- Alternativen!

Der Effekt dieser Challenge

3 Monate lang Bio-Peeling selbst machen = - unnatürliche Inhaltsstoffe, Mikroplastik für die Umwelt und deine Haut
Wenn du dein Peeling ab sofort selber mixt, gelangen nur noch natürliche und biologisch abbaubare Stoffe in dein Abwasser – und an deine Haut.

Die besten DIY-Peelings

Kaffeesatz-Upcycling
Ein Mix aus 3 EL abgekühltem Kaffeesatz und 3 TL Olivenöl macht deine Haut streichelzart.

Sugar, Baby!
Auch mit Zucker kannst du abgestorbene Hautschuppen prima abrubbeln. Vermenge dazu 3–4 TL Zucker mit 2 EL Kokosöl.

Weiß & Grün
Der Mix aus 2 EL Meersalz und 3 EL Avocadoöl reinigt porentief und pflegt zugleich herrlich.

Weiß & Goldgelb
Auch eine Mixtur aus 3 EL Quark, 2 TL flüssigem Honig und 1 EL Zucker macht dein Gesicht streichelzart. Und das Beste: Reste kannst du einfach aufessen!

Tipp:
Egal, für welches Peeling du dich entscheidest: nach dem Duschen mit kreisenden Bewegungen in die noch feuchte Haut einmassieren, kurz einwirken lassen und gründlich abspülen.

Challenge #38

3 MONATE LANG BIO-BODYLOTION SELBST MISCHEN

Konservierungs- und Duftstoffe, Paraffine und Silikone – in Bodylotion stecken häufig Inhaltsstoffe, die unserer Haut ganz und gar nicht guttun. Einige hindern die Haut am Atmen, andere verursachen Allergien, manche stehen sogar im Verdacht, Krebs zu erregen. Setze darum auf Naturkosmetik, die keine schädlichen Substanzen enthält, sondern mit ätherischen und pflanzlichen Ölen pflegt und meist vegan ist. Verpackungsmüll produziert allerdings auch Naturkosmetik. Noch nachhaltiger ist es darum, Bodylotion selbst herzustellen.

Der Effekt dieser Challenge

3 Monate lang Bio-Bodylotion selbst mischen = - 1 Plastikverpackung und jede Menge Konservierungs- und Duftstoffe, Paraffine, Silikone
Je nach Verpackung hält eine Flasche Bodylotion bis zu 3 Monate. Du sparst also in jedem Fall viele unnatürliche Inhaltsstoffe ein, aber nur 1 Plastikverpackung.

Doch wenn das alle machen würden?
Wenn 83 Mio. Einwohner Deutschlands 3 Monate lang ihre Bodylotion selbst mischen, könnten 83 Mio. Plastikflaschen eingespart werden. So klingt das plötzlich gar nicht mehr so unbedeutend, oder?

Pflegende Shea-Kakao-Lotion selbst gemacht

Du brauchst:
100 g Sheabutter | 100 g Kakaobutter | Schüssel | 200 g Rapsöl | 2 EL Mandelöl

1. Bringe Shea- und Kakaobutter in einem Wasserbad zum Schmelzen.
2. Danach gibst du das Rapsöl dazu und rührst alles gut durch. Wenn die Mischung flüssig ist, stellst du die Schüssel für 45 Minuten in den Kühlschrank.
3. Nach dem Abkühlen das Mandelöl hinzugeben und so lange mixen, bis eine cremige Konsistenz erreicht ist. Die Lotion z.B. in einem leeren Marmeladenglas aufbewahren.

Tipp:
Achte darauf, als Zutaten nur unraffinierte Produkte mit Fairtrade-Siegel zu verwenden.

Einfacher Aloe-Öl-Mix selbst gemacht

Du brauchst:
Bio-Pflanzenöl, z.B. kalt gepresstes Oliven-, Raps- oder Mandelöl | Aloe-Vera-Gel

Gib einen Klecks von beiden Zutaten in je eine Hand und reibe deine Hände kräftig aneinander. Creme dich dann mit der Mixtur ein. Wenn du etwas Lotion auf Vorrat machen möchtest, vermische die Zutaten in einer Schüssel und bewahre sie in einem Glas mit Schraubdeckel auf.

Tipp:
Aloe Vera enthält zahlreiche pflegende Substanzen und wirkt entzündungshemmend, antibakteriell, antiviral und fungizid. Außerdem zieht sie schnell ein und macht die Haut schön geschmeidig. Verwende möglichst ein Aloe-Vera-Gel ohne Zusatzstoffe.

Challenge #39

1 MONAT LANG BEI DER KÖRPERPFLEGE DAS WASSER ABDREHEN

Wir verbrauchen am meisten Wasser für Körperpflege – Duschen, Baden, WC, Zähneputzen, Händewaschen –, insgesamt mehr als die Hälfte der durchschnittlichen 123 l pro Tag und Person. Unnötige Extra-Liter verschwinden im Abfluss, wenn man das Wasser laufen lässt, während man sich unter der Dusche einseift, die Beine rasiert oder peelt, während man Hände wäscht oder Zähne putzt. Wer das nicht macht, spart eine Menge Wasser ein!

Der Effekt dieser Challenge

1 Monat lang bei der Körperpflege das Wasser abdrehen = ~ 1680 l sauberes Wasser
Ermittle zunächst deinen persönlichen Wasserdurchfluss. Stoppe an jedem Wasserhahn die Sekunden, die du zum Füllen eines 10-l-Eimers mit kaltem (!) Wasser brauchst, und teile die Zahl 600 durch die Anzahl der Sekunden: Das Ergebnis ist der Wasserdurchfluss in l pro Min. Vermutlich wirst du auf 8–12 l pro Min. kommen. Wenn du nun beim Duschen 1 Min. Wasserlaufenlassen einsparst und beim Zähneputzen und Händewaschen je 2 Min., kommst du pro Tag auf 40–60 l gespartes Wasser – wow!

Und wenn das alle machen würden?
Wenn alle 83 Mio. Einwohner Deutschlands mitmachen würden, könnten wir gemeinsam in 1 Monat bis zu 139,4 Mrd. l Wasser sparen.

Tipp:
Wenn du in der Dusche mehr als 9 l Wasserdurchfluss errechnest, solltest du einen Sparduschkopf anschaffen.

Aus den Augen, aus dem Sinn?

Lebenslange Rituale abzulegen ist gar nicht so einfach. Vielen hilft ein Erinnerungs-Post-it am Badezimmerspiegel. Wenn du das Post-it in eine alte Klarsichtfolie steckst und die Ränder mit Klebeband versiegelst, kannst du es auch in der Dusche als Memo platzieren.

66 Bucket List

Challenge #40

1 JAHR LANG AUFS BADEN VERZICHTEN

Ein heißes Bad ist herrlich und tut Körper und Seele gut. Wie alle „Genussmittel" sollte aber auch das Baden etwas Besonderes und die Ausnahme bleiben, denn der Wasserverbrauch dabei ist enorm: Durchschnittlich 150 l fasst eine Badewanne – das ist dreimal so viel, wie du bei einer durchschnittlichen 5-Minuten-Dusche verbrauchen würdest!

Der Effekt dieser Challenge

1 Jahr lang aufs Baden verzichten = - 5200 l Badewasser
Wenn du dir pro Woche ein heißes Bad gönnst, kommst du im Jahr auf 7800 l Wasser. Würdest du stattdessen duschen gehen, würdest du im Durchschnitt „nur" 2600 l verbrauchen.

Keine Schaumschlägerei, bitte!

Wenn du dir doch mal ein Bad gönnst, verzichte auf Badekugeln und Badezusätze aus dem Drogeriemarkt, denn diese enthalten meist schädliche Inhaltsstoffe und Mikroplastik. Gib lieber einen Spritzer von deinem Bio-Shampoo zum Badewasser – das duftet auch gut!

Tipp:
Wenn ihr zu zweit in die Wanne geht, lohnt sich die enorme Wassermenge etwas mehr – und schön ist es auch noch.

Bucket List

Challenge #41

1 MONAT LANG NUR JEDEN ZWEITEN TAG DUSCHEN

Rein von der Hygiene her reicht es völlig aus, wenn wir nur alle zwei bis drei Tage duschen, so die Meinung von Dermatologen. Unserer Umwelt würde das ebenfalls gefallen, denn beim Duschen verschwinden pro Minute 8–12 l Wasser im Abfluss. Wenn du nur 2 Min. lang duschst, ist das kein Drama, doch für viele Menschen sind 10–15 Min. Duschdauer schon Normalität.

Der Effekt dieser Challenge

1 Monat lang nur jeden zweiten Tag duschen = - 700 l sauberes Wasser
Mit dieser Challenge reduzierst du die Zahl deiner Duschen in einem Monat von 28 auf 14. Angenommen, du duschst jeden Tag 5 Min. lang bei einem Verbrauch von 10 l pro Min., kommst du auf 50 l pro Dusche. Für 28 Tage und 28 Duschen ergibt das einen Wasserverbrauch von 1400 l. Die Ersparnis der Challenge entspricht also dem Inhalt von 70 großen Gießkannen.

Und wenn das alle machen würden?
Wenn alle 83 Mio. Einwohner Deutschlands nur noch jeden zweiten Tag duschen würden bei einem Verbrauch von 50 l pro Dusche, könnten in 1 Monat 58,1 Mrd. l Wasser eingespart werden – eine unglaubliche Zahl.

Tipps für fortgeschrittene Wassersparfüchse

Man kann natürlich noch mehr tun, um Wasser einzusparen, als unsere Challenge vorschlägt. Versuche beispielsweise, deine Duschdauer zu reduzieren, und dusche möglichst kalt. Denn: Wer Warmwasser spart, reduziert nicht nur den Wasser-, sondern auch den Energieverbrauch.

Challenge #42

3 MONATE LANG RECYCLING-TOILETTENPAPIER NEHMEN

Jeder von uns verbraucht im Jahr etwa 15 kg Toilettenpapier, das zum Großteil aus Zellstofffasern aus Holz hergestellt wird – also aus Bäumen. Das allein ist schon schlecht für die CO_2-Bilanz. Dazu kommen lange Transportwege, die bei der Herstellung aufgewendete Energie, häufig Chemikalien – und natürlich die Plastikverpackung und der Pappkern. Recyclingpapier ist eine solide Alternative. Du meinst, das 100% recycelte Papier fühlt sich am Hintern nicht so schön flauschig an? Nun, in den letzten Jahren hat sich hier einiges getan und das Papier ist mittlerweile fast genauso weich wie „neues" Papier.

Der Effekt dieser Challenge

3 Monate lang Recycling-Toilettenpapier nehmen = - neues Holz
Für 1 kg „neues" Toilettenpapier braucht man 2,2 kg Holz, für die gleiche Menge Recyclingpapier benötigt man 1,15 kg Altpapier – also etwas, das eh übrig ist.

Noch mehr Einsparpotenzial

- Auch Recyclingklopapier kommt meist in einer Plastikverpackung und mit Klorolle daher. Benutze die Verpackung darum zumindest noch ein weiteres Mal, z.B. als Mülltüte für den Badmülleimer. Ein paar gute Ideen für Klorollen-Upcycling findest du auf S. 77.

- Ein Bidet oder ein Handbidet macht Toilettenpapier gar ganz unnötig.

- Mit einem Sparspülkasten kannst du zudem deinen Wasserverbrauch pro Toilettengang von 9 auf 6 l reduzieren, eine zusätzliche Wasserspartaste bringt noch einmal 3 l Ersparnis. Bei rund 34 l, die im Durchschnitt pro Tag und Person für die WC-Spülung draufgehen, ergibt das etwa 22,7 l pro Tag weniger!

Tipp:
Achte beim Kauf von Papierprodukten auf das Siegel Blauer Engel: Es zeichnet Produkte aus, die zu 100% aus Altpapierfasern hergestellt sind und dass bei der Herstellung keine Chemikalien oder optischen Aufheller zugesetzt wurden.

Challenge #43

NIE WIEDER WATTE-STÄBCHEN VERWENDEN

Die EU verbietet ab 2021 Einweg-Plastikprodukte, für die es umweltfreundlichere Alternativen gibt. Dazu gehören Wattestäbchen, aber auch Plastikstrohhalme, Einweggeschirr und -besteck. Damit sollen Umweltschäden in Höhe von 22 Mrd. Euro vermieden werden. Die Alternativen für diese Produkte sind aus Pappe, Holz, Glas oder Bambus gefertigt. Sie sind zwar auch nicht perfekt, vor allem was die Herstellung und das Wegwerfen betrifft, aber immerhin landet so nicht noch mehr Plastik in der Umwelt.

Der Effekt dieser Challenge

Nie wieder Wattestäbchen verwenden = - Unmengen Plastikmüll
Schätzungsweise werden jeden Tag weltweit 1500 Mrd. Wattestäbchen produziert! Wenn du schon ab jetzt keine mehr benutzt und nicht erst ab 2021, leistest du bereits heute einen gehörigen Beitrag zum Schutz der Umwelt. Wie viel du so pro Jahr einsparst, kannst du ganz einfach selbst ausrechnen: Multipliziere die Anzahl deiner Wattestäbchen pro Woche mit 52.

Übrigens:
2019 haben drei dänische Produktdesigner ein wiederverwendbares Wattestäbchen erfunden. Die Materialien Polypropylen, Nylon und medizinisches Silikon sind ökologisch zwar nicht unbedingt besser, aber man kann es zumindest mehrfach benutzen.

Viel Stäbchen für wenig Nutzen

Die entscheidende Frage ist, wozu wir Wattestäbchen überhaupt brauchen? Um das Make-up zu perfektionieren, gibt es Alternativen, und vom Säubern der Ohren raten HNO-Ärzte ohnehin ab: Der Ohrschmalz ist nützlich, denn er fängt Staub, Bakterien und abgestorbene Hautzellen ein und befördert alles in einem Rutsch aus dem Ohr nach draußen – ein super Reinigungsmechanismus unseres Körpers. Ab und zu mit einem feuchten Handtuch übers Ohr zu gehen, reicht darum völlig aus. Dazu kommt, dass man mit dem Wattestäbchen nur einen Teil des Schmalzes aus dem Ohr ziehen kann – während man den Rest tiefer hineinschiebt, was nicht zielführend ist. Außerdem ist es möglich, dass wir unser Trommelfell mit den Stäbchen verletzen. Du siehst: Wattestäbchen braucht kein Mensch.

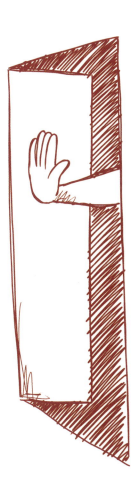

Bucket List   **71**

Challenge #44

3 MONATE LANG KEINE WEGWERF-WATTEPADS UND ABSCHMINKTÜCHER BENUTZEN

Mit Wattepads und Abschminktüchern lassen sich prima Make-up, Mascara und Lidschatten entfernen und Gesichtswässerchen & Co. auftragen. Leider handelt es sich dabei jedoch um Wegwerfartikel, die man nur einmal benutzen kann, und man bekommt sie meist nur in Plastikverpackungen. Nachhaltigkeit geht anders, etwa mit waschbaren, wiederverwendbaren Wattepads aus Baumwolle, die man nur einmal kaufen (oder selbst nähen) muss. Auch diese reinigen das Gesicht hervorragend, und das auch noch ohne Reinigungslotion: einfach nur anfeuchten und sanft über das Gesicht fahren. Wer mag, kann ein paar Tropfen Pflanzenöl draufgeben.

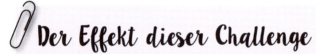

Der Effekt dieser Challenge

3 Monate lang keine Wegwerf-Wattepads und Abschminktücher benutzen = - 183 Wattepads + 92 Abschminktücher
Angenommen, du schminkst dich an 365 Tagen im Jahr und verwendest jeden Abend 1 Abschminktuch und 2 Wattepads, macht das 365 Abschminktücher und 730 Wattepads. In den drei Monaten der Challenge sparst du rund ¼ dieser Menge ein.

Und wenn das alle machen würden?
In Deutschland leben etwa 42 Mio. Frauen, die primäre Zielgruppe dieser Produkte. Gehen wir nur von diesen aus (obwohl natürlich auch viele Männer Wattepads benutzen!), könnten in 3 Monaten schon bis zu 7,6 Mrd. Pads und 3,8 Mrd. Abschminktücher eingespart werden.

Wiederverwendbare DIY-Kosmetikpads

Du brauchst:
aussortiertes Baumwollshirt oder Stoffreste | Glas | Bleistift | Schere | Nähmaschine

1. Breite den Stoff glatt auf dem Tisch aus und stelle das Glas darauf. Zeichne den Umriss mit dem Bleistift mehrfach nach, sodass du mindestens zwei Kreise erhältst.
2. Schneide die beiden Kreise aus und lege sie aufeinander.
3. Nähe die Kreise mit der Nähmaschine zusammen.

Tipp:
Sammle deine Pads in einem Wäschebeutel und wasche sie zusammen mit deinen Handtüchern. Und benutze nie ein Pad mehrmals hintereinander, sonst wird es zu einer 1A-Brutstätte für Bakterien.

Challenge #45

3 MONATE LANG MAKE-UP-ENTFERNER SELBST MACHEN

Selbst gemachte Kosmetikpads sind toll, doch gegen Härtefälle wie wasserfeste Mascara haben auch sie alleine wenig Chancen. Von konventionellen Make-up-Entfernern, ob fürs ganze Gesicht oder nur für die Augen, solltest du dennoch zumindest versuchsweise die Finger lassen, denn sie enthalten viele fragwürdige Inhaltsstoffe wie Paraffine, Erdölprodukte und Silikone. Diese schädigen unsere sensible Haut mehr, als sie zu pflegen, und landen am Ende auch im Müll oder im Abfluss. Naturkosmetik ist da schon eine gute Alternative, doch die beste Option ist wie so oft selbst gemacht.

Der Effekt dieser Challenge

3 Monate lang Augen-Make-up-Entferner selbst machen = - Paraffine, Erdölprodukte, Silikone, Plastikfläschchen
Mit dieser Challenge ersparst du vor allem deiner sensiblen Haut und unseren Abwässern so einiges an Chemie. Und gewinnst an absolut natürlicher Extrapflege!

Für die Augen: Rizinusöl

Du brauchst:
kleines Fläschchen, z.B. Mini-Schnapsflasche | Rizinusöl | ausgedientes Mascara-Bürstchen | wiederverwendbares Kosmetikpad

Reinige die Schnapsflasche gründlich, fülle etwas Öl hinein und wasche ein ausgedientes Mascara-Bürstchen aus, bis es porentief sauber ist. Tunke das Bürstchen in das Öl und benetze deine getuschten Wimpern damit: Nach 3–4 Min. Einwirkzeit, in denen du z.B. Zähneputzen kannst, lässt sich die Wimperntusche problemlos mit einem wiederverwendbaren Kosmetikpad entfernen.

Fürs Gesicht: Mandel-Aloe-Vera-Mix

Du brauchst:
Mandelöl | Aloe-Vera-Gel | Glas mit Schraubdeckel | wiederverwendbares Kosmetikpad

Gib Mandelöl und Aloe-Vera-Gel im Verhältnis 2:1 in ein Schraubglas und schüttle es vor jeder Anwendung gut durch. Mit einem wiederverwendbaren Kosmetikpad über die Augen fahren – fertig: Rückstände brauchst du nicht abzuspülen, sie pflegen deine Haut.

Fürs Gesicht: Apfelessig

Du brauchst:
Bio-Apfelessig | Glas mit Schraubdeckel

Gib Apfelessig und Wasser im Verhältnis 1:3 in ein Schraubglas und trage die Mixtur mithilfe eines wiederverwendbaren Kosmetikpads auf dein Gesicht auf. Danach das Gesicht mit Wasser waschen.

Tipp:
Diese Mixtur entfernt nicht nur hervorragend Make-up, sie reinigt auch die Poren fettiger Haut von Schmutz und Talg. Teste aber vorher, ob deine Haut sie verträgt, und verwende den Apfelessig nicht pur, dafür ist er zu aggressiv.

Bucket List 75

Challenge #46

1 JAHR LANG KEINE PAPIER-TASCHENTÜCHER VERWENDEN

Das Problem bei Papiertaschentüchern ist dasselbe wie bei jedem Papierprodukt: Für die Herstellung braucht man Holz, also müssen Bäume gefällt werden. Bei Taschentüchern ist das besonders traurig, denn es sind Wegwerfartikel, die ruckzuck im Müll landen. Zudem sind sie in Plastikhüllen verpackt. Nachhaltiger sind da schon die Recycling-Varianten, sofern sie mit dem Siegel Blauer Engel ausgezeichnet sind, denn dann sind sie aus 100 % Altpapier sowie energie- und wassersparend hergestellt. Noch besser sind allerdings Stofftaschentücher, denn diese sind wiederverwendbar und, wenn sie nicht neu gekauft, sondern aus Stoffresten hergestellt sind, unschlagbar nachhaltig.

Der Effekt dieser Challenge

1 Jahr lang keine Papiertaschentücher verwenden = - 55 Plastikhüllen, Bäume
Laut Statistik verbraucht jeder von uns im Jahr bis zu 55 Päckchen Taschentücher! Neben den Verpackungen rettest du mit dieser Challenge außerdem ein paar Bäumen das Leben.

Upcycling-Schnupftuch

Du brauchst:
großer Stoffrest | Stift | Lineal | Schere | Nähmaschine

Zeichne auf dem Stoffrest ein Quadrat in der Größe 25 cm x 25 cm auf und schneide es aus. Schlage die Ränder rundum 1 cm breit um und säume das Tuch mit der Nähmaschine.

Tipp:
Abgetragene Baumwoll-T-Shirts, Bettwäsche und Oberhemden eignen sich am besten dafür. Wenn du lieber Stofftaschentücher kaufen möchtest, nimm welche aus Bio-Baumwolle, deren Öko-Bilanz besser ist als die der konventionell hergestellten. Doch auch für sie gilt: Sie müssen lange genutzt werden, damit sie rechnerisch mehr CO_2 eingespart haben, als für ihre Herstellung aufgewendet werden musste.

Challenge #47

1 MONAT LANG ALLE KLOPAPIERROLLEN UPCYCELN

Schon im Kindergarten haben die meisten gelernt, dass man mit den Rollen im Toilettenpapier herrlich basteln kann. Doch auch als Erwachsene können wir die Rollen prima ein zweites Mal nutzen, statt sie einfach wegzuwerfen!

Der Effekt dieser Challenge

1 Monat lang alle Klopapierrollen upcyceln = - 3,8 Klopapierrollen
Durchschnittlich verbrauchen wir laut dem Industrieverband für Körperpflege und Waschmittel pro Jahr 46 Rollen Toilettenpapier. In 4 Wochen kommt also genug zusammen, um all diese Ideen auszuprobieren!

Ordnungshelfer „Second Life"

Du brauchst:
Klopapierrolle(n) | nervende(s) Kabel, z.B. Ladekabel für dein Smartphone

Rolle das Kabel ordentlich auf und schiebe es in die Klopapierrolle. Beschrifte die Rolle und bewahre sie zusammen mit anderen so verpackten Kabeln in einer Kiste auf – nie mehr Kabelsalat!

Geschenkverpackung „Second Life"

Du brauchst:
kleines Geschenk, z.B. Schmuck, Bonbons, Pralinen | Klopapierrolle

Schiebe dein Mitbringsel in die Rolle und klappe die Ränder so ein, dass sie die Rolle verschließen. Nach Belieben bemalen, beschriften und verzieren und Freude verschenken!

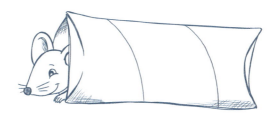

Bucket List 77

Challenge #48

1 JAHR LANG KONSEQUENT MÜLL TRENNEN

Viele Menschen werfen sämtliche Müll in die Restmülltonne. Der Inhalt wird jedoch direkt zur Verbrennungsanlage gefahren und verbrannt, mitsamt aller verwertbaren Stoffe, die darin gelandet sind. Wenn du deinen Müll hingegen trennst, können die Rohstoffe weiterverwertet werden.

Der Effekt dieser Challenge

1 Jahr lang konsequent Müll trennen = + wertvolle Rohstoffe, Energie
Papier oder Glas kann man prima recyceln – schade, wenn wir diese Chance nicht nutzen!

Wo kommt's rein?

Gelbe Tonne: Wertstoffe
Metall, Blech, Kunststoff, Dosen, Alufolie, Milchkartons, Getränkekartons, Plastiktüten, Plastikfolie

No Go's für den Gelben Sack:
Papier, Pappe, Kleidung, Glas, Essensreste

Blaue Tonne: Altpapier
Zeitungen, Pappe, Kartons, Kataloge, Werbung, Hefte, Bücher, Briefe, Geschenkpapier, Papiertüten.

No Go's für die Papiertonne:
Getränkekartons, Tapeten, Geschenkfolie, Windeln, Tücher

Grüne Tonne: Biomüll
Essensreste, Gemüse, Obst, Kartoffel- und Eierschalen, altes Brot, trockener Kuchen, Kaffeesatz mitsamt Filter, Blumen, Gartenabfälle, Rasenschnitt, Heu, Holzspäne

No Go's für die Biotonne:
Essensreste, die noch verwertet werden können, Papier, Verpackungen, kompostierbare Plastiktüten

Glascontainer: Weiß- und Buntglas
Saft- und Getränkeflaschen, Weinflaschen, Essig- und Öl-Flaschen, Marmeladen- und Senfgläser, Einmachgläser; alles sortiert nach weiß, grün, braun

No Go's für den Glascontainer:
Fenster, Spiegel, Glühbirnen, Kristallglas, Geschirr

Schwarze Tonne: Restmüll
So gut wie alles andere, z.B. Katzenstreu, Asche, Windeln, Binden, Tapeten, Gummi, Staubsaugerbeutel

No Go's für die Restmülltonne:
Essensreste, Altpapier, Glas, entleerte Kunststoffverpackungen, Elektrogeräte, giftige Stoffe, Farbe, Lack, Lampen

Wertstoffhof:
Sperrmüll, Elektroschrott, Problemstoffe wie Farben

Challenge #49

3 MONATE LANG NATÜRLICHE PUTZMITTEL VERWENDEN

Reinigungsmittel sind echte Chemiekeulen, die auf direktem Weg im Abwasser landen. Das muss nicht sein, denn es gibt jede Menge natürlicher Alternativen, die die Umwelt nicht belasten.

Der Effekt dieser Challenge

3 Monate lang natürliche Putzmittel verwenden = - 900 g Chemikalien
Laut Bundesumweltamt gelangen pro Jahr und Einwohner deutschlandweit rund 7,6 kg Chemikalien ins Abwasser. Das sind ca. 300 g pro Monat aus Putzmitteln, wenn wir davon ausgehen, dass Putzmittel und Waschmittel jeweils die Hälfte davon verursachen.

Essig & Zitrone gegen Kalk

Gib je einen Schuss Essigessenz und Zitronensäure in einen Eimer Wasser.

Tipp: Eignet sich auch zum Fensterputzen!

Natron & Backpulver gegen (fast) alles

Um deinen Backofen gründlich zu reinigen, mische Natron im Verhältnis 1:1 mit Wasser und bringe die Paste auf alle Verschmutzungen auf. 2 Std. einwirken lassen, dann abwischen.

Backbleche, Pfannen und Töpfe reinigst du mit 3 TL Backpulver: in 1 l Wasser aufkochen und einwirken lassen.

In einen verstopften Abfluss 3 EL Natron und 150 ml Essig schütten und nach 1 Std. mit viel heißem Wasser nachspülen.

Zitrone als Universalreiniger

Gib die Schale von 2 Zitronen in ein Schraubglas und fülle es mit Essigessenz-Wasser (Mischverhältnis 1:1) auf. 2 Wochen ruhen lassen, dann durch ein Sieb in eine Sprühflasche umfüllen und nochmal 1:1 mit Wasser verdünnen.

Challenge #50

3 MONATE LANG NUR SELBST GEMACHTES WASCHMITTEL VERWENDEN

Die meisten handelsüblichen Waschmittel enthalten Tenside auf Erdölbasis, Palmöl, schwer abbaubare Konservierungsstoffe, genmanipulierte Enzyme, Duftstoffe und Mikroplastik – alles Stoffe, die sowohl der Umwelt als auch unserer Gesundheit schaden, Allergien auslösen können und erheblich zum Chemikalieneintrag in das Abwasser beitragen. Ein komplett umweltfreundliches Waschmittel zu finden, ist kaum möglich – es sei denn, du machst es einfach selbst!

Der Effekt dieser Challenge

3 Monate lang nur selbst gemachtes Waschmittel verwenden = - 1,8 kg konventionelles Waschmittel
Jährlich werden in deutschen Privathaushalten mehr als 600.000 t Waschmittel verbraucht, das macht ca. 7,5 kg pro Nase. In 3 Monaten kann man also mit selbst gemachtem Waschmittel fast 2 kg umweltbelastendes Waschmittel einsparen.

Was sind Tenside?

Als Tenside bezeichnet man die waschaktiven Substanzen in Reinigungsmitteln. Sie dienen dazu, die Oberflächenspannung des Wassers herabzusetzen, damit dieses den Schmutz auf der Kleidung unterwandern und von der Oberfläche lösen kann. Hergestellt werden Tenside aus pflanzlichen und tierischen Rohstoffen oder auf Erdölbasis. Entscheidend für die Umwelt ist die Abbaubarkeit in der Natur oder in der Kläranlage, die zwischen natürlichen und synthetischen Tensiden erheblich variieren kann: Erdöltenside sind generell schwerer abbaubar und können in Kläranlagen häufig nicht vollständig herausgefiltert werden, wodurch sie in Flüsse und Seen gelangen und Wasserlebewesen gefährden.

Flüssigwaschmittel selbst gemacht

Du brauchst:
hitzebeständige Schüssel | Küchenreibe | 20 g Kernseife | 20 g Gallseife | 4 EL Waschsoda | Schneebesen | 4 EL Zitronensäure | ätherisches Öl (optional) | Glasflasche

1. Kern- und Gallseife in die Schüssel raspeln, mit Waschsoda vermengen und mit 1 l kochenden Wasser übergießen, dabei solange mit dem Schneebesen rühren, bis sich die Seife aufgelöst hat.
2. Die Lauge abkühlen lassen, dann unter ständigem Rühren erneut mit 1 l kochendem Wasser aufgießen.
3. Wieder abkühlen lassen, bis die Masse gelartig ist. Wiederum 1 l kochendes Wasser zufügen und unterrühren.
4. Zuletzt die Zitronensäure hinzugeben und nach Belieben ein paar Tropfen ätherisches Öl.
5. Nach dem Abkühlen in eine Glasflasche umfüllen und vor jedem Gebrauch schütteln.

Tipp:
Für veganes Waschmittel verwende insgesamt 40 g vegane Kernseife und keine Gallseife.

Challenge #51

3 MONATE LANG AUF WEICHSPÜLER VERZICHTEN

Weichspüler tragen in keiner Weise zum Reinigungsprozess oder zur Sauberkeit der Wäsche bei. Ihre Aufgabe ist es, die Wäsche geschmeidig zu machen, frisch riechen zu lassen und elektrostatische Aufladungen zu unterdrücken. Alles schöne Effekte – doch Weichspüler haben einen sehr hohen Gehalt an Tensiden. Diese müssen zwar biologisch abbaubar sein, jedoch gilt dasselbe nicht für ihre anderen Bestandteile wie Lösungsmittel, Duftstoffe, Farbstoffe und Konservierungsstoffe, die in die Gewässer gelangen und die Umwelt stark belasten.

Der Effekt dieser Challenge

3 Monate lang auf Weichspüler verzichten = - 600 g Weichspüler
Etwa 200.000 t Weichspüler verbrauchen die Deutschen jährlich, das sind mehr als 2 kg pro Person. Wenn du 3 Monate lang auf Weichspüler verzichtest, sparst du unzählige negative Inhaltsstoffe ein, die sonst damit ins Abwasser gelangen.

Die Top 3 Weichspüler-Alternativen

1. **Essig/Essigessenz**
   Bereits 30 ml pro Waschgang, ins Weichspülerfach gegeben, machen die Wäsche weich und lösen nebenbei auch noch Kalkablagerungen in der Maschine. Und keine Sorge: Der Geruch verfliegt!

2. **Natron und Waschsoda**
   2 TL Natron oder Soda in 100 ml Wasser auflösen und ins Weichspülerfach geben.

3. **Ätherische Öle**
   Wenn du vor allem den Frischeduft liebst, gib einfach ein paar Tropfen ätherisches Öl mit in die Maschine.

Tipp:
Mit dem Waschmittel von S. 81 brauchst du gar keinen zusätzlichen Weichspüler, denn es enthält bereits Soda.

Challenge #52

3 MONATE LANG AUF WÄSCHEPARFÜM VERZICHTEN

Wäscheperlen und Wäscheparfüme verleihen der Kleidung einen intensiven Duft, belasten jedoch erheblich die Umwelt und können stark gesundheitsgefährdend sein. So wirkt der oft enthaltene Duftstoff Tetramethylacetyloctahydronaphthalen ökotoxisch und reichert sich sowohl im menschlichen Fettgewebe als auch in Wasserorganismen an. Der Duftstoff Limonen ist biologisch nicht gut abbaubar und als „schädlich für Wasserorganismen mit langfristiger Wirkung" eingestuft. Und die enthaltenen Konservierungsstoffe können Haut und Schleimhäute reizen und Kontaktallergien auslösen und gefährden unsere Gewässer. Diese Produkte sind also alles andere als dufte – und auch nicht günstig.

Der Effekt dieser Challenge

3 Monate lang auf Wäscheparfüm verzichten = - Risiko für Hautreizungen, Allergien, Gewässerschädigungen

Die Top 3-Wäscheparfüm-Alternativen

1. **Orangen- und Zitronenschalen**
   Die Schalen in eine ausrangierte Socke stecken, die Socke zubinden und zur Wäsche geben. Alternative: Schalen trocknen und in einem Säckchen in den Schrank legen.

2. **Lavendel**
   Der Klassiker! Getrocknete Blüten (idealerweise vom eigenen Balkon oder aus Bio-Produktion) in einem Säckchen in den Schrank legen – duftet nicht nur, sondern hält auch Motten ab!

3. **Bio-Seife**
   Auf einer Untertasse im Schrank platziert, verströmt ein natürlich duftendes Stück Bio-Seife ein feines Aroma.

Challenge #53

1 JAHR LANG KÄLTER WASCHEN

Wir waschen unsere Wäsche meist heißer als nötig, dabei verbraucht das Aufheizen des Wassers dabei die meiste Energie. Nicht nur aus Umweltschutzaspekten bietet sich bei fast jeder Wäsche das „Eine-Stufe-kälter-Prinzip" an: Man wählt die Temperatur immer eine Stufe niedriger als im Etikett angegeben. So kann man ordentlich CO_2 einsparen: Eine 90°C-Wäsche verursacht über 1 kg CO_2, bei 60°C sind es ca. 750 g, bei 30°C ca. 250 g. Mit dem Energieaufwand einer 60°C-Wäsche kann man also fast drei 30°C-Wäschen waschen. Und auch der Stromverbrauch der Maschine sinkt mit der Temperatur, auf die das Waschwasser gebracht werden muss, von ca. 1,8 kWh (90°C) auf ca. 0,4 kWh (30°C).

Der Effekt dieser Challenge

1 Jahr lang kälter waschen = - 36 kg CO_2
Gehen wir davon aus, dass du einmal pro Woche eine 60°C-Maschine wäschst, verursacht du allein damit 48 kg CO_2 pro Jahr; bei 30°C würde das noch 12 kg CO_2 pro Jahr machen. Beim Strom sparst du ca. 1,4 kWh pro Waschgang, im Monat 5,6 kWh und im Jahr 67,2 kWh.

Und wenn das alle machen würden?
Würden alle 83 Mio. Einwohner Deutschlands ihre einmalige wöchentliche Wäsche bei 30 statt bei 60°C waschen, könnten wir gemeinsam in einem Jahr bis zu 3000 Mrd. kg CO_2 und 5,5 Mrd. kWh einsparen!

Tipp:
Bei ansteckenden Krankheiten sollte Wäsche aber natürlich bei höheren Temperaturen gewaschen werden, um alle Bakterien abzutöten. Ebenso fördert es die Lebensdauer der Rohre und Schläuche in der Maschine, wenn man sie einmal im Monat vollbeladen bei 60°C laufen lässt.

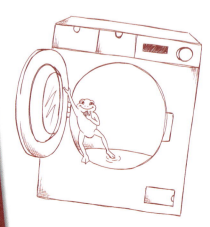

Challenge #54

6 MONATE LANG NICHT DEN WÄSCHETROCKNER BENUTZEN

Klar ist es praktisch, wenn man das Lieblings-Shirt eben schnell wäscht und in den Trockner wirft, damit man es am gleichen Tag noch spontan anziehen kann. Schöner für die Umwelt ist es aber, die Wäsche auf der Leine zu trocknen, vor allem bei etwas älteren Wäschetrocknern. Mal ehrlich: Es gibt doch bestimmt eine Alternative zu diesem Shirt, die ebenso gut aussieht!

Der Effekt dieser Challenge

6 Monate lang nicht den Wäschetrockner benutzen = - 150 kg CO_2
Je nach Trocknermodell verursacht das Wäschetrocknen bis zu 300 kg CO_2 pro Jahr.

Schöner trocken

- Schlage deine Wäsche richtig aus, nachdem du sie aus der Maschine geholt hast: So reduzierst du Knitterfalten und lockerst die Fasern auf.
- Hänge deine Wäsche nicht in die direkte Sonne, sonst bleichen die Farben aus. Am besten auf links drehen und in den Halb- oder Vollschatten stellen.
- Kleider, Hemden, Blusen und Jacken glattstreichen und auf einem Kleiderbügel trocknen: So sparst du dir meist das Bügeln.
- Achte auf ausreichende Luftzirkulation zwischen den Kleidungsstücken.
- Röcke und lange Hosen am Bund auf der Leine festklammern, T-Shirts am Saum.

Tipp:
Im Winter kann ein stromsparender Trockner der Klasse A+++ mitunter weniger Energie verbrauchen als das Wäschetrocknen auf dem Ständer in der Wohnung: Unter Umständen muss dann nämlich aufgrund der zusätzlichen Feuchtigkeit mehr gelüftet bzw. geheizt werden.

Challenge #55

1 JAHR LANG OHNE VORWÄSCHE WASCHEN

Die Funktion der Vorwäsche stammt aus einer Zeit, als Waschmaschinen und Waschmittel noch nicht so effektiv waren wie heute. Eine einigermaßen moderne Maschine schafft es ohne extra Spül- oder Waschgänge, deine Wäsche schön sauber zu waschen. Daher kannst du den Wasserverbrauch deiner Waschmaschine deutlich minimieren, indem du die Vorwäschefunktion abstellst.

Der Effekt dieser Challenge

1 Jahr lang ohne Vorwäsche waschen = - 2200 l

Bis zu 20 l Wasser pro Waschgang spart der Verzicht auf die Vorwäschefunktion ein. Geht man von insgesamt 220 Waschgängen pro Person und Jahr aus, von denen etwa die Hälfte mit Vorwäsche laufen, kommt da fast so viel zusammen, wie ein Nilpferd in 10 Tagen trinkt (das sind 2500 l)!

Effizient waschen

1. Packe die Trommel möglichst voll: Es wird immer gleich viel Wasser verbraucht, nämlich ca. 41 l, egal ob volle oder halbvolle Maschine. Und auch der Stromverbrauch der Maschine ändert sich nicht durch mehr oder weniger Wäsche. Alles, was sich ändert, ist die Anzahl der Waschgänge, und die reduziert sich dadurch.

2. Ist deine Maschine mit einem Eco- oder Energiesparprogramm ausgestattet, dann nutze es! Bei diesen Programmen wird die Einwirkzeit der Wäsche in der Lauge verlängert, weshalb die Textilien bereits bei niedrigeren Temperaturen, mit weniger Waschmittel und bei geringerem Stromverbrauch sauber werden.

3. Verzichte auch auf andere zuschaltbare Optionen wie „Wasser Plus", „Extra Spülen" oder „Zusätzlicher Spülgang": Moderne Maschinen brauchen diese Zusatzfunktionen nicht mehr, um Abwasser und Schmutz ordentlich auszuschwemmen und abzutransportieren.

Durchschnittlicher Wasserverbrauch von Waschmaschinen

Berechnungsbasis sind 220 Waschgänge pro Jahr.

Maschinenalter	durchschnittl. Wasserverbrauch/Waschgang	durchschnittl. Wasserverbrauch/Jahr
modern	ca. 49 l	ca. 10.780 l
5 Jahre	ca. 66 l	ca. 14.520 l
10 Jahre	ca. 84 l	ca. 18.480 l
20 Jahre	ca. 134 l	ca. 29.480 l
30 Jahre	ca. 180 l	ca. 39.600 l

Challenge #56

1 SOMMER LANG KRÄUTER SELBST ZIEHEN

63% des Obstes und Gemüses im Supermarkt oder auf dem Wochenmarkt sind industriell vorverpackt, darunter auch die beliebten Kräutertöpfe. Wenn man so einen braucht, muss man also den Müll auch nehmen, es gibt keine Alternative. Dazu kommt, dass die Pflanze oft schon nach einer Woche ebenfalls in die Tonne wandert, weil sie abgeerntet ist und meist auch schon etwas schwächelt – eine Folge ihrer Zucht, die auf Tempo und Ertrag ausgelegt ist, nicht auf Langlebigkeit. Kräuter, die du selber anbaust, machen hingegen viel länger Freude, und du hast immer etwas frisches Grünes da!

Der Effekt dieser Challenge

1 Sommer lang Kräuter selbst ziehen = - rasant gewachsene, in Plastik verpackte Kräutertöpfe
Je nachdem, wie viele dieser Töpfe du so in einem Sommer kaufen würdest, sparst du so mehr oder weniger Plastikverpackungen und Pflanzenreste, die niemandem mehr nutzen, ein.

Nachhaltig Kräuter ziehen

1. Verwende Bio-Saatgut: Nur so kannst du ausschließen, dass die Pflanzen mit chemisch-synthetischen Pestiziden behandelt worden sind oder mittels Gentechnik erzeugt wurden.

2. Achte auf torffreie Anzucht- oder Blumenerde: Der Abbau von Torf zerstört Moore und damit wichtigen Lebensraum für Tiere und Pflanzen.

3. Nutze eine Papiertopfpresse und presse deine Anzuchttöpfe aus altem Zeitungspapier selbst oder säe in Eierpappen aus. Sobald die Pflanzen groß genug sind, können sie in spezielle Kräutertöpfe umziehen.

4. Verwende samenfeste Sorten, also Pflanzen, aus deren Saatgut wiederum Pflanzen wachsen, die dieselben Eigenschaften und Gestalt haben wie die Elternpflanzen. Solche meist alten Sorten stammen in der Regel aus ökologischen Züchtungen.

8 Kräuter für die Fensterbank:

1. Dill
Dill braucht ein relativ großes Pflanzgefäß, da er in kleinen Reihen im Abstand von 15 cm gesät wird. Dafür benötigt er nicht so viel Licht und gedeiht auch noch bei 10 bis 15 °C.

2. Petersilie
Die glatte Petersilie ist aromatischer als die krause. An einem lichten Platz ohne direkte Sonneneinstrahlung fühlt sich das zweijährige Kraut besonders wohl. Nur mäßig gießen.

3. Schnittlauch
Schnittlauch muss im Topf regelmäßig neu gesät werden. Dazu stets frische Samen verwenden, da das Saatgut nach längerer Lagerzeit nicht mehr gut keimt.

4. Oregano
Oregano braucht zum Keimen mindestens 20 °C und gedeiht während der Anzuchtphase in einem Mini-Gewächshaus am besten. Sobald sich das zweite Blattpaar über den Keimblättern zeigt, kann Oregano pikiert und in größere Töpfchen mit Pflanzerde eingesetzt werden.

5. Basilikum
Wir lieben Basilikum zu Mozzarella oder Spaghetti, und Basilikum liebt es warm: Er wächst unter 12 °C gar nicht mehr. Nach der Aussaat die Anzuchttöpfe wässern und mit einer Glasscheibe abdecken; dann sind nach 1–2 Wochen die ersten Pflänzchen zu sehen, die wiederum nach 3–4 Wochen in Töpfe vereinzelt werden können.

6. Pfefferminze
Pfefferminze braucht einen eher schattigen Platz und viele Nährstoffe. Sie muss daher regelmäßig beschnitten und gedüngt werden. Sie trinkt viel, mag aber Staunässe überhaupt nicht.

7. Kresse
Die Samen in einer flachen Schale auf feuchtem Küchenpapier oder Watte aussäen und mit einem Holzbrettchen abdecken, bis sie nach etwa 2 Tagen keimen. Nach 3–5 Tagen mit einer Schere ernten.

8. Thymian
Thymian ist mehrjährig, wird bis zu 40 cm hoch und liebt die Sonne.

Challenge #57

EINE RASENFLÄCHE IN EINE BIENENWIESE VERWANDELN

Bienen und andere Insekten tragen wesentlich zum Erhalt der Artenvielfalt bei, sorgen für die Verbreitung hunderttausender Pflanzen, die wiederum anderen Tieren als Lebensgrundlage dienen, und sind für die Bestäubung von etwa einem Drittel aller landwirtschaftlicher Nutzpflanzen zuständig. Und obwohl dies bekannt ist, sind in den letzten Jahren weltweit konsequent immer mehr Bienen- und zahllose andere Insektenpopulationen weggestorben. So gibt es in Europa etwa 10% weniger Bienen als noch vor einigen Jahren, in den USA ist ein Rückgang von 30% zu verzeichnen, im Nahen Osten sind es sogar 85%. Neben Krankheitserregern, intensiver Landwirtschaft mit Insektizideinsatz und Monokulturen, Luftverschmutzung und Klimawandel sind vor allem das Wegbrechen von Lebensräumen und Nahrungsmangel Ursache für das Insektensterben. Die gute Nachricht: Jeder kann Lebensräume für Biene & Co. schaffen!

Der Effekt dieser Challenge

Eine Rasenfläche in eine Bienenwiese verwandeln = + Artenvielfalt auf allen Ebenen
Eine kunterbunte Blumenwiese liefert für allerlei nützliche Insekten bei richtiger Pflanzenauswahl ausreichend Nahrung vom zeitigen Frühjahr bis in den Herbst hinein. Und da Insekten die Existenzgrundlage so gut wie aller Lebewesen sind – einschließlich des Menschen, der kein Gemüse ernten könnte, gäbe es die wertvollen Bestäuber nicht –, ist das ein großer Beitrag zum Erhalt der Artenvielfalt!

5 Tipps zum Anlegen einer Insektenwiese

1. Der beste Zeitpunkt, um eine Bienenweide anzulegen, ist im Frühjahr, hängt allerdings stark vom Standort ab: Höhenlage und damit einhergehende klimatische Bedingungen sind zu beachten (je kälter es in der Gegend ist, desto später sollte man anfangen).

2. Bevor du das Saatgut ausbringst, muss der Boden vorbereitet werden. Wichtig ist, dass die Erde schön locker ausgeharkt wird und dass es sich um einen mageren Boden handelt, also eher sandig als nährstoffreich.

3. Pro m² 5–10 g Saatgut ausbringen – wenn du die Samenkörner mit ein wenig Sand vermischst, geht das besser.
4. Zum Schluss die Samen per Walze oder Fußbrett andrücken – ganz wichtig, sonst können sie nicht anwachsen! – und gut angießen.
5. Der frisch eingesäte Boden sollte 4–6 Wochen stets leicht feucht gehalten werden.

Tipp:
Es nützt die beste Vorbereitung und Anlage nichts, wenn du das falsche Saatgut aussäst: Es müssen heimische Wildblumen sein, keine Zuchtformen und keine Sorten mit gefüllten Blüten. Letztere sehen zwar hübsch aus, sind für die Insekten aber nicht verwertbar. Investiere unbedingt in Bio-Wildblumenmischungen mit Arten aus der eigenen Region und habe Geduld – es dauert eine Weile, bis die Blumen erblühen, manche Arten blühen gar erst im zweiten Jahr.

Und ohne Garten?

Auch auf dem Balkon kannst du etwas für die Bienen tun, jeder Quadratmeter zählt! Säe die Wildblumen einfach in Kübel oder Kästen – je größer diese sind, desto besser!

Challenge #58

1 JAHR LANG EINE ECKE DES GARTENS VERWILDERN LASSEN

Aus wirtschaftlichen und landwirtschaftlichen Gründen werden Kleinstrukturen wie Hecken, Trockenmauern oder Tümpel im öffentlichen Raum immer seltener und somit der Siedlungsraum für Vögel, Igel und Insekten immer knapper. Wer seinen Garten also für tierische Mitbewohner öffnet und so gestaltet, dass diese Nahrung und Rückzugsorte finden, fördert die Biodiversität.

Der Effekt dieser Challenge

1 Jahr lang eine Ecke des Gartens verwildern lassen = + Artenvielfalt auf allen Ebenen

Was der ideale naturnahe Garten bietet

- verschiedene Unterschlupfmöglichkeiten und Nistplätze wie Trockenmauern, Totholzhaufen, Hecken
- heimische Wildpflanzen als Nahrungsquelle
- unterschiedliche Lichtbereiche: Schatten, Halbschatten, Sonne
- Ruhe: Je wilder und ungestörter es hier ist, desto wohler fühlen sich die Tiere.

Die besten Rückzugsorte

1. **Totholz**
   An alten, großen Baumstämmen oder -stumpfen, die an einem sonnigen Platz langsam verrotten dürfen, nisten sich viele Lebewesen ein, darunter wertvolle Insekten wie die Blattschneidebiene, die Holzbiene oder die Pelzbiene.

2. **Markhaltige Stängel**
   Für Arten wie die Maskenbiene, die Schwarze oder die Blaue Keulenhornbiene bieten die Stängel von Himbeere, Brombeere, Heckenrose und Schwarzem Holunder perfekte Nistplätze: in ca. 1 m lange Stücke schneiden und in den Boden stecken oder an einen Zaun binden – fertig!

3. **Wilde Hecke**
   Eine Hecke aus heimischen Wildsträuchern und Wildrosen bietet fast das ganze Jahr über Blüten, Beeren und Unterschlupf für eine Vielzahl von Vögeln, Nützlingen und Säugetieren. Sie ist robust und pflegeleicht, bis auf einen bis maximal zwei Pflegeschnitte (natürlich nicht zur Brutzeit!) fällt keine Arbeit an.

4. **Nistkästen und Halbhöhlen**
   Vor allem seltene Arten wie Gartenrotschwanz, Grauschnäpper oder Bachstelze nehmen solche Vorrichtungen gerne an. Darauf achten, dass die Löcher groß genug sind und keine scharfen Kanten aufweisen, damit sich die Vögel beim Hineinfliegen nicht verletzen können.

5. **Laubhaufen**
   Igel und Spitzmaus, aber auch Vögel, Amphibien und Insekten ziehen hier gerne ein: Die Blätter liefern Nährstoffe und bieten Sicht- sowie Kälteschutz. In einer schattigen, windstillen Ecke aufhäufen und bis ins späte Frühjahr liegen lassen.

6. **Baumhöhlen und Scheiterbeigen**
   Der perfekte Winterunterschlupf für Fledermäuse! Den Kaminholzvorrat deshalb über den Winter nicht vollständig abtragen, sondern eine Restbeige stehen lassen. Spezielle Fledermaushäuser sind gute Alternativen, solange sie in etwa 4 m Höhe angebracht werden.

> **Tipp:**
> Verlassene Nistkästen stehen lassen! Sie werden gerne von Siebenschläfern für den Winterschlaf genutzt, der etwa von September bis Juni dauert, als Alternative zu einer Höhle tief im Erdreich oder in Bäumen, Felsen oder Mauern.

Bucket List 93

Challenge #59

1 JAHR LANG NUR NATÜRLICH DÜNGEN

Stickstoff ist ein natürlich vorkommendes Gas: Unsere Atemluft besteht zu etwa 80% aus Stickstoff. Da er das Wachstum von Pflanzen anregt, ist er häufig in künstlich hergestelltem Dünger enthalten, und da dieser Dünger zu großzügig eingesetzt wird, wird Stickstoff doch zu einem Problem: In Form einer speziellen Verbindung, nämlich als Nitrat, gelangt er vor allem durch die Agrarwirtschaft in zu großen Mengen auf die Felder und später ins Grundwasser, wo er die Umwelt schädigt und sich negativ auf unser Trinkwasser auswirkt. Was wir beeinflussen können, ist die Nutzung von Dünger im heimischen Garten – und das macht schon viel aus!

Der Effekt dieser Challenge

1 Jahr lang nur natürlich düngen = - 16 kg Stickstoff
In Deutschland gelangen jährlich etwa 4,2 Mio. t reaktiven Stickstoffs in den Kreislauf der Natur, das entspricht ca. 50 kg pro Person. Wenn wir davon ausgehen, dass die kommerzielle Landwirtschaft etwa 2/3 davon in die Umwelt einbringt, kann jeder Einzelne immer noch 1/3 einsparen, indem er für das Gemüse im eigenen Garten auf natürliche Düngemittel zurückgreift.

Die Top 4 der natürlichen Alternativen

1. Kompost
   Guter Kompost ist wie eine wahre Vitaminbombe für deine Pflanzen und liefert ihnen eine ganze Menge wichtige Nährstoffe: Calcium, Magnesium, Phosphor, Kalium ... (s. Challenge 61).

2. Eierschalen
   Der Kalk der Eierschalen ermöglicht dem Boden die Aufnahme anderer Mineralstoffe und lockert ihn. Am besten ein paar Schalen zermahlen, ins Gießwasser geben und einige Tage stehen lassen. Anschließend ganz normal damit gießen. Neben Kalk geben die Eierschalen auch noch z.B. Fluor, Kupfer, Eisen und Phosphor ins Wasser ab und unterstützen so deine Pflanzen beim Wachsen und Gedeihen.

3. **Pflanzenjauchen**
   Diese Flüssigkeiten kann man aus Giersch, Löwenzahn, Brennnesseln oder Schachtelhalm ganz einfach selbst herstellen (s. Challenge 60). Sie enthalten viel Stickstoff und Kali, fördern die Bildung des grünen Blattfarbstoffs Chlorophyll, locken Nützlinge an und halten oft sogar unerwünschte Insekten fern.

4. **Tierischer Dung**
   Pferde-, Schaf oder Kuhmist eignen sich als Dünger für starkzehrende Pflanzen im Gemüsebeet und Rosen lieben Pferdeäpfel sehr. Am besten holst du diese Alternative beim Bio-Bauern.

Challenge #60

1 JAHR LANG AUF PESTIZIDE VERZICHTEN

Im Gegensatz zur Landwirtschaft unterliegt der private Gebrauch von Pestiziden keinen gesetzlichen Auflagen, wodurch es häufig zu einer deutlichen Überdosierung kommt. Das ist nicht gut: Pestizide vernichten Unkraut und Schädlinge, fügen aber zugleich Nützlingen und gewollten Gartenpflanzen sowie uns selbst erheblichen Schaden zu. Die chemischen Stoffe gelangen in die Früchte und somit auf den eignen Teller. Und das meist völlig unnötig, denn nicht zuletzt im Sinne der Artenvielfalt sollten wir die „ungeliebten" Gartengäste eher begrüßen als bekämpfen – und viele können uns sogar nutzen!

Der Effekt dieser Challenge

1 Jahr lang auf Pestizide verzichten = - 6 g Pestizide
Jährlich werden über 500 t Pestizide in Deutschland in privaten Gärten verteilt. Das ergibt einen Pro-Kopf-Verbrauch, der vielleicht nicht besonders hoch erscheint – wenn man ausblenden kann, dass es sich hierbei um reines Gift handelt ...

Sag „Willkommen!" statt „Goodbye!" ...

... zu Löwenzahn!
Die Wurzeln sind eine klasse Alternative zu Kaffee: ausgraben, in Scheiben schneiden, 1–2 Tage trocknen lassen und dann in einer Pfanne ohne Öl rösten. Anschließend in einer Kaffeemühle zermahlen, aufbrühen und ziehen lassen.

... zu Giersch!
Weil man ihn so gut wie nie wieder los wird, gilt er als extremer Quälgeist – und das, obwohl er zahlreiche Nährstoffe enthält und toll schmeckt!

... zu Brennnesseln!
Voller Vitamin C, Provitamin A, Eiweiß, Eisen, Kalzium und Phosphor sind sie eher ein Superfood als ein Unkraut und machen sich toll als Tee, Suppe oder Spinatersatz oder auch im Smoothie.

... zu Vogelmiere!

Das rasant wachsende Kraut ist gesund und macht sich prima als Salatgrundlage oder als Pesto. Es liefert doppelt so viel Kalzium, dreimal so viel Kalium und Magnesium und siebenmal so viel Eisen wie der Kopfsalat!

... zu Gundermann!

Auch als wilde Petersilie bekannt, ist er ein hervorragendes Küchenkraut zum Würzen von Speisen oder eine Arzneipflanze gegen Krankheiten, die mit Schleim- und Eiterbildung einhergehen.

... zu Knoblauchrauke!

Sie müssen wir uns mit den Insekten teilen, denn diese lieben das milde und doch sehr würzige Kraut, das wie Knoblauch riecht, aber eher nach Meerrettich schmeckt.

DIY-Unkrautbekämpfer: Brennnesseljauche

Du brauchst:
1 kg frische Brennnesseln mit Stängeln | großer Eimer oder Topf

1. Brennnesseln klein schneiden, in den Eimer geben, mit 10 l Wasser aufgießen und gut umrühren, sodass alle Pflanzenteile mit Wasser bedeckt sind.
2. Den Eimer luftdurchlässig abdecken, z.B. mit einem Jutesack, und 2 Wochen an einem sonnigen Platz stehen lassen; dabei täglich umrühren. Sobald keine Bläschen mehr an die Oberfläche steigen, ist die Jauche reif.
3. Die vergorenen Pflanzenteile absieben.
4. Die Jauche im Verhältnis 1:10 mit Wasser verdünnen und damit gießen.

Challenge #61

1 JAHR LANG BIOMÜLL SELBST KOMPOSTIEREN

Kompost wird auch „schwarzes Gold" genannt, und zwar zu Recht: Was einmal Abfall war, ist nach dem Kompostieren Grundlage für optimales Wachstum und eine wunderbare Ernte im Beet. Und es ist gar nicht schwer, sich einen Kompost zu bauen – selbst auf dem Balkon geht das!

Der Effekt dieser Challenge

1 Jahr lang Biomüll selbst kompostieren = - industriell hergestellte Gartenerde, künstlicher Dünger, Biotonnenabfuhren
Der Kompost ist „die Bank des Gärtners": Er zahlt Gartenabfälle ein und bekommt als Rendite unschlagbaren Humus. Dieser schont nicht nur die Umwelt, weil er Industrieprodukte ersetzt, sondern auch den Geldbeutel, denn er ist völlig umsonst.

So wächst aus Müll neues Essen!

1. Suche dir einen halbschattigen, windgeschützten und gut belüfteten Standort mit wasserdurchlässigem Untergrund und lockere den Boden etwas auf.
2. Schichte darauf deinen Kompost auf:

- gröbere Zweige
- „alte" Erde
- abwechselnd trockene Holzhäcksel, Laub, Heckenschnitt oder Staudenreste und leicht feuchter Grasschnitt oder Küchenabfälle und Obstschalen

Tipp:
Die einzelnen Schichten sollten nie höher als etwa 20 cm sein, sonst behindern sie den Prozess des Kompostierens.

3. Leicht feucht halten: Die Mikroorganismen bewegen sich im Wasserfilm auf dem Kompostmaterial fort.

4. Nach 10–12 Monaten haben sich die Bestandteile größtenteils aufgelöst und eine feinkrümelige Humuserde ist entstanden. Diese kommt im Herbst und Frühjahr auf die Beete, wo sie den Boden auflockert und zugleich mit Nährstoffen anreichert. Dieser Boden wiederum bietet Mikroorganismen und Nützlingen eine optimale Ernährungsgrundlage.

> **Übrigens:**
> Kommt allerdings beim Zusammendrücken des Kompostmaterials mit der Hand Wasser heraus, ist es zu nass.

Was darf auf den Kompost, was nicht?

 Brot, Kaffeefiltertüten, Teebeutel, Abfälle von Gemüse und Obst, Stroh und Streu, Eierschalen, Rasen-, Strauch- und Baumschnitt, Laub, Rinde, Sägemehl, alte Erde

 behandeltes Holz, beschichtetes Papier, mineralische Abfälle, Leder, Glas, Kunststoffe, Metall, Asche, Essensreste tierischen Ursprungs, Zitrusfrüchte, kranke Pflanzenteile, Katzenstreu

> **Tipp:**
> Da die Verrottung von Laub, Rinde und Holz länger dauert, sollte hierfür ein separater Kompost eingerichtet werden.

Und ohne Garten?

Für alle Nichtgartenbesitzer gibt es Wurmkisten für den Balkon. Elegant und sogar für die Küche geeignet sind Bokashi-Eimer, luftdichte Kunststoffbehälter, in denen die Bioabfälle mit Effektiven Mikroorganismen (EM) kombiniert werden. Dank dieser Organismen entwickelt der Eimer keinen unangenehmen Geruch und der Kompost wird besonders hochwertig. Bereits während der Verrottungsprozesses entsteht eine Flüssigkeit, die über einen Hahn abgelassen werden und dem Gießwasser für die Zimmerpflanzen zugefügt werden kann.

Challenge #62

1 SOMMER LANG NACHHALTIG GRILLEN

Bei den vielen Grillfesten, mit denen wir so gerne den Sommer feiern, verbrennen leider nicht nur manchmal die Steaks, sondern auch eine Menge Ressourcen und fragwürdige Inhaltsstoffe.

Der Effekt dieser Challenge

1 Sommer lang nachhaltig grillen = - Tropenholzkohle, synthetische Anzünder, Alugrillgeschirr, Plastikverpackungen

Es hängt natürlich stark davon ab, wie häufig du in einem Sommer grillst, aber je nach Gäste-anzahl kommt bei einem zünftigen Fest einiges an Müll zusammen.

Die wichtigsten Utensilien

1. **Grillkohle**

   Laut Statischem Bundesamt werden etwa 227.000 t Holzkohle jährlich nach Deutschland importiert, meist aus Polen, Paraguay und Nigeria. Diese ist oft aus Tropenhölzern herge-stellt, was aber auf der Verpackung nicht angegeben werden muss. Wenn du sicher gehen willst, verwende FSC-zertifizierte Kohle, am allerbesten aus heimischen Hölzern.

2. **Grillanzünder**

   Brennspiritus und chemische Grillanzünder enthalten bedenkliche Stoffe wie Kerosin oder Paraffine. Diese zu vermeiden ist aber ganz einfach!

   Du brauchst:

   200 g Kerzenreste, nicht aus Paraffin | Eierpappe | Sägespäne oder Kleintiereinstreu

   1. Kerzenreste über einem Wasserbad einschmelzen, ab und zu umrühren.

   2. In die Fächer der Eierpappe je eine Handvoll Sägespäne geben, das Wachs darüber gießen.

   3. Aushärten lassen, dann die einzelnen Fächer voneinander abtrennen und als bessere Alternative zum Anzünden verwenden.

3. **Grillschalen**
Alufolie zum Einwickeln von Gemüse, Fleisch oder Fisch wird durch richtige Grillpfannen, -körbe oder -bretter überflüssig.

> **Tipp:**
> Ökologische Alternativen sind Kohl-, Mangold-, Wein- oder Maisblätter: mit Öl bestreichen, mit Fisch, Gemüse oder Grillkäse befüllen und mit einem Faden oder Zahnstochern verschließen.

4. **Grill**
Geht's an den See oder in den Park, wird häufig zum Alu-Einweggrill gegriffen. Nutze lieber die handlichen und lange verwendbaren Grilleimer oder Kugelgrills, und natürlich auch Teller, Gläser und Besteck aus dem Küchenschrank statt Plastikgeschirr.

Leckerschmecker für oben drauf

1. **Grillfleisch**
Auf vorverpacktes Grillfleisch solltest du aus Gründen des Tierwohls und der schlechten CO_2-Bilanz verzichten. Investiere in Fleisch in Bioqualität, am besten direkt vom Erzeuger.

2. **DIY-Ketchup**

Du brauchst:
350 g Tomaten | große Zwiebel | Knoblauchzehe | 2 EL Olivenöl | 2 TL Zucker | Saft einer halben Zitrone | Chilipulver, Zimt, Pfeffer, Salz

1. Den Strunk der Tomaten entfernen, den Rest würfeln. Zwiebel und Knoblauch schälen und würfeln.
2. Das Öl in einer Pfanne erhitzen, Zucker hinzugeben und Zwiebel und Knoblauch karamellisieren lassen. Tomatenstückchen, Zitronensaft und Gewürze hinzugeben und alles etwa 15 Min. köcheln lassen, bis die Tomaten weich sind.
3. Pfanne vom Herd nehmen, die Masse pürieren, durch ein Sieb streichen und abschmecken.

3. **Veganes Aioli**

Du brauchst:
100 ml Rapsöl | 50 ml Sojamilch | 1 TL Senf | 1 TL Zitronensaft | 2 Knoblauchzehen | Salz, Pfeffer

1. Rapsöl, Sojamilch und Zitronensaft in eine h ohe Schüssel geben und pürieren, bis eine cremige Masse entsteht.
2. Knoblauch grob würfeln und hinzugeben, würzen und erneut pürieren.

Challenge #63

1 JAHR LANG AUF TORFHALTIGE GARTENERDE VERZICHTEN

Blumenerde enthält häufig Torf, der in Moorlandschaften abgebaut wird. Der Abbau ist ein drastischer Eingriff in ein sensibles und sehr wertvolles Ökosystem: Da Moore sehr viel CO_2 aufnehmen können, werden wichtige Speicher zerstört, und durch die Entwässerung beim Abbau kommt es zugleich zu einer massiven Freisetzung von CO_2. Zudem sind Moore Lebensraum für zahllose Arten, von denen einige bereits vom Aussterben bedroht sind, etwa Sumpfohreule und Birkhuhn, aber auch viele Pflanzenarten. Und da Moore mit nur 1 mm pro Jahr sehr, sehr langsam wachsen, können sie den Abbau nie wieder aufholen.

Der Effekt dieser Challenge

1 Jahr lang auf torfhaltige Gartenerde verzichten = - 30 l wertvollsten Torf
Von den in Deutschland jährlich rund 10 Mio. m³ verbrauchtem Torf gehen rund 2,5 Mio. m³ auf das Konto von Privathaushalten. Das ergibt pro Einwohner Deutschlands 0,03 m³.

Und wie geht es ohne Torf?

Torffreie Gartenerden werden meist auf Basis von Kompost, Rindenhumus und Holzfasern hergestellt und beinhalten zudem Tonminerale und Lavagranulate, die für eine optimale Wasser- und Nährstoffspeicherung und -freisetzung sorgen. Verwenden kann man sie für alles, ob im Balkonkasten, im Beet oder für Zimmerpflanzen.

Übrigens:
Achtung: Als „torfarm" oder „torfreduziert" deklarierte Erde darf immer noch bis zu 80% Torf enthalten! Und auch „bio" ist hier keine verlässliche Alternative: Der Begriff ist bei Blumenerde nicht geschützt und wird leider teils missbraucht.

102 Bucket List

Challenge #64

LUFTREINIGENDE PFLANZEN VERMEHREN UND VERSCHENKEN

Möbel, Teppiche, Elektrogeräte – viele Gegenstände enthalten Schadstoffe wie Formaldehyd, Benzol oder Kohlenmonoxid, die die Raumluft belasten. Abhilfe können luftreinigende Zimmerpflanzen schaffen, die sich auch noch ganz einfach vermehren lassen – super Geschenke für alle, deren Gesundheit uns am Herzen liegt!

Der Effekt dieser Challenge

Luftreinigende Pflanzen vermehren und verschenken = + saubere, gesunde Luft für dich und deine Freunde
Die Pflanzen können über ihre Blätter und Wurzeln bis zu 95 % der Schadstoffe aufnehmen.

So startest du deine eigene Lufreiniger-Produktion!

Es gibt viele solcher Luftreiniger; die praktischsten sind:

- **Dieffenbachie:** Ihre sogenannten Kindel, an der Mutterpflanze gewachsene Jungpflanzen, lassen sich ganz vorsichtig beim Umtopfen abtrennen. Dann sofort in Blumenerde setzen und weiterkultivieren.

- **Aloe Vera:** Die abgetrennten Kindel kurz abtrocknen lassen und in sandiger Erde an einen warmen, hellen Ort aufstellen. Erst nach 1 Woche gießen! Ein Mini-Gewächshaus fördert anfangs das Wurzelnschlagen.

- **Monstera:** Schon eines ihrer riesigen Blätter reicht aus, um eine neue Pflanze heranzuziehen: Das Blatt mit Stiel und mindestens einer Luftwurzel abschneiden und die Schnittstelle für etwa 45 Min. antrocknen lassen. Dann in Kokosfasersubstrat oder Pikiererde einpflanzen – der Topf sollte groß sein – und angießen.

Tipp: Damit mit den Pflanzen nicht noch zusätzliche Schadstoffe einziehen, achte beim Kauf auf Bio-Qualität.

Challenge #65

3 MONATE LANG GESCHÄFTSREISEN MIT BUS ODER BAHN ERLEDIGEN

Wer beruflich viel unterwegs sein muss, verstärkt seinen CO_2-Fußabdruck unter Umständen massiv, je nachdem welches Verkehrsmittel genutzt wird. Vor allem weite Strecken werden ja meist mit dem Flugzeug zurückgelegt, und dieses hat generell einen hohen CO_2-Ausstoß pro Passagier zu verzeichnen. Manchmal lässt es sich einfach nicht vermeiden, zu fliegen; bei Geschäftsreisen innerhalb Deutschlands jedoch geht das oft gut – und es lohnt sich!

Der Effekt dieser Challenge

3 Monate lang Geschäftsreisen mit Bus oder Bahn erledigen = – 1719 kg CO_2
Auf der etwa 800 Kilometer langen Strecke Hamburg–München beispielsweise entsteht pro Flugpassagier ca. 168,8 kg CO_2; mit dem Zug sind es ca. 32,8 kg, mit dem Fernbus ca. 25,6 kg. Wer also durchschnittlich 2 mal pro Monat auf ähnlich langen Strecken unterwegs ist, also beruflich etwa 3000 km zurücklegt, produziert in 3 Monaten mit dem Flugzeug ca. 2026 kg CO_2, mit der Bahn ca. 394 kg und mit dem Fernbus ca. 307 kg.

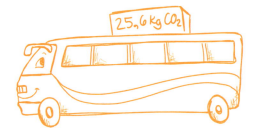

104 Bucket List

Challenge #66

1 SOMMER LANG MIT DEM RAD ZUR ARBEIT FAHREN

Wer einen Arbeitsweg von unter 10 km pro Strecke hat, sollte einmal darüber nachdenken, ob es nicht zumindest im Sommer eine Option ist, dafür das Rad zu nutzen statt dem Auto. Die Vorteile liegen auf der Hand: Du sparst Kraftstoff, verbesserst deinen persönlichen CO_2-Fußabdruck und erledigst dein tägliches Fitnessprogramm einfach nebenbei. Echt schlau!

Der Effekt dieser Challenge

1 Sommer lang (80 Arbeitstage) mit dem Rad zur Arbeit fahren = - 184 kg CO_2
In Deutschland haben 46% der Beschäftigten einen Arbeitsweg bis 50 km pro Strecke, 2% pendeln sogar noch weiter. Die Mehrheit, nämlich 48%, müssen maximal 10 km zurücklegen. Ein Mittelklassewagen produziert auf 10 km durchschnittlich einen CO_2-Ausstoß von ca. 2,3 kg. Gehen wir von einem Arbeitsweg von 5 km pro Strecke aus, legst du in einem Sommer (von Mai bis Ende August) mit dem Rad klimaneutral rund 800 km zurück!

Und wenn das alle machen würden?
Würden alle 48% der rund 45 Mio. Arbeitnehmer in Deutschland, die einen Arbeitsweg bis maximal 10 km haben, im Sommer mit dem Rad zur Arbeit fahren und nehmen wir an, dass die oben angesetzten 5 km die durchschnittliche Strecke dieser 21,6 Mio. Menschen ist, könnten sie alle gemeinsam 3,9 Mrd. kg CO_2 einsparen.

Bucket List 105

Challenge #67

1 JAHR LANG NUR RECYCLING-PAPIER IM BÜRO VERWENDEN

Mit einem Pro-Kopf-Verbrauch von ca. 250 kg Papier pro Jahr ist Deutschland auf Platz 4 der Weltrangliste hinter China, den USA und Japan: Wir konsumieren fast fünf Mal so viel Papier wie der durchschnittliche Erdenbürger mit etwa 57 kg! Durchschnittlich 15 kg dieses durchschnittlichen Jahresverbrauchs pro Kopf sind Hygienepapiere, die nach einmaligem Gebrauch weggeworfen werden, wie Küchenrolle und Toilettenpapier (s. Challenge 42). Wer nicht nur dort, sondern auch bei Büro- und Schulmaterialien auf Recyclingpapier zurückgreift, macht schon viel richtig: Das Papier ist genau so weiß und eignet sich für nahezu alle Anwendungen von Frischfaserpapier, Kopieren inklusive, und es überzeugt vor allem mit seiner Ökobilanz.

Der Effekt dieser Challenge

1 Jahr lang nur Recyclingpapier im Büro verwenden = - neues Holz, Wasser, Energie
Für Recyclingpapier müssen keine neuen Bäume gefällt werden. Zudem spart seine Herstellung gegenüber Frischfaserpapier bis zu 70% Wasser und 60% Energie ein. Zudem stammt der Großteil des recycelten Papiers aus Deutschland, sodass keine weiten Transportwege anfallen, was wiederum den CO_2-Ausstoß und Emissionen reduziert.

Challenge #68

3 MONATE LANG DEN LAPTOP ANSTATT DEN PC NUTZEN

Dass es einen Unterschied fürs Klima macht, ob du einen PC oder einen Laptop benutzt, klingt vielleicht erst einmal unglaubwürdig. Aber es stimmt!

Der Effekt dieser Challenge

3 Monate lang den Laptop anstatt den PC nutzen = - 30 kg CO_2
Laptops verbrauchen dreimal weniger Energie als der PC am Netzkabel und sparen so bis zu 120 kg CO_2 pro Jahr und 10 kg pro Monat ein.

Und wenn das alle machen würden?
Wenn 83 Mio. Einwohner in Deutschland den Laptop statt des PC nutzen würden, würde die CO_2-Ersparnis in 3 Monaten rund 2,5 Mio. t betragen!

Noch mehr Stromspar-Tipps rund um den Rechner

1. Über die Systemeinstellungen deines Betriebssystems kannst du die Energieeinstellungen deines Geräts optimieren, z.B. die Displayhelligkeit verringern oder den Stromsparmodus aktivieren.

2. Wenn gerade keine Geräte via Bluetooth mit dem Rechner verbunden sind, schalte die Bluetooth-Funktion aus: Sie ist ein wahrer Akkufresser.

3. Im Hintergrund laufende Programme immer schließen, sobald sie nicht mehr benötigt werden.

4. Netzstecker ziehen, nachdem du den Laptop ausgeschaltet hast. Sonst zieht sich der Akku weiter Energie.

5. Deinstalliere regelmäßig ungenutzte Software von deinem Laptop.

Bucket List 107

Challenge #69

6 MONATE LANG KEINE NEUE KLEIDUNG KAUFEN

Mode gilt als das zweitschmutzigste Geschäft der Welt. Kein Wunder, verbraucht doch bereits die Produktion eines einzigen T-Shirts ganze 2700 l Wasser und die Produktion einer Jeans sogar um die 7000 l! Hinzu gesellen sich etwa 3500 krebserregende, hormonell wirksame oder auf andere Weise giftige Chemikalien, die aus Rohmaterialien farbenfrohe Kleidung „zaubern". Des Weiteren führen günstige Preisen, ewig wechselnde Kollektionen und die Werbung der Textilgiganten dazu, dass durchschnittlich 3 von 4 Klamotten bereits nach kurzer Tragezeit auf dem Müll landen und jedes 5. Kleidungsstück im Schrank so gut wie nie angezogen wird.

Der Effekt dieser Challenge

6 Monate lang keine neue Kleidung kaufen = - 30 aufwendig und ressourcenraubend hergestellte Kleidungsstücke

Tatsächlich kauft der deutsche Verbraucher im Schnitt 60 neue Kleidungsstücke pro Jahr!

Neue Outfits ohne Shoppen

Wer kennt nicht das Gefühl, man müsste unbedingt mal wieder in die Innenstadt zum Shoppen. Vor allem zum Saisonwechsel überkommt uns dieser Trieb. Dann freuen wir uns über die neuen Kollektionen und vergessen dabei ganz und gar, dass die trendige Hose in ganz ähnlicher Form bereits bei uns im Schrank liegt. Genau das ist nämlich häufig das Problem: Wir wissen gar nicht so genau, was wir alles haben! Mit den folgenden Tricks entgehst du der Werbefalle:

1. Werbespots und Plakate präsentieren uns regelmäßig das Noch-Nie-Dagewesene, die berühmten Das-muss-ich-haben-Stücke. Dabei ändern sich die Schnitte und Stile von einem zum anderen Jahr nicht wirklich drastisch. Betrachte die Werbung doch einmal etwas kritischer und schaue, welche Stücke, die dich ansprechen, bereits in ähnlicher Form in deinem Schrank hängen.

108 Bucket List

2. Sortiere deinen Schrank regelmäßig und prüfe, was du in den letzten 3 Monaten nicht getragen hast. Liegt es daran, dass gerade Sommer ist und du einen Winterpulli vor dir hast? Oder hattest du das Teil vom letzten Sommer dieses Jahr vielleicht gar nicht mehr auf dem Schirm, weil es ganz nach hinten im Schrank gerutscht war?

3. Unsere Lieblingsoutfits sehen immer gleich aus – sind ja auch Lieblingskombis, und sie sehen toll aus und wir fühlen uns wohl darin! Bevor das aber langweilig wird, versuche doch einmal, bevor du shoppen gehst, das T-Shirt deiner Lieblings-Jeans-Shirt-Blazer-Kombi auszutauschen. Schon hast du einen neuen Look!

4. Kennst du schon Outfit-Memory? Wir breiten sämtliche Teile vor uns aus, sortiert nach Saison. So entdeckt man viele vergessenen Stücke neu und kann anschließend wild und frei kombinieren und neue Kombinationen erschaffen.

5. Sortiere Kleider aus, die du seit einem Jahr nicht mehr getragen hast, und sammle sie in einem Karton im Abstellraum. Nach drei Monaten prüfst du, ob du sie wirklich nicht mehr anziehen möchtest: Ist das der Fall, dürfen sie an einen besseren Ort umziehen (s. Challenges 70 und 71). Ansonsten: anziehen!

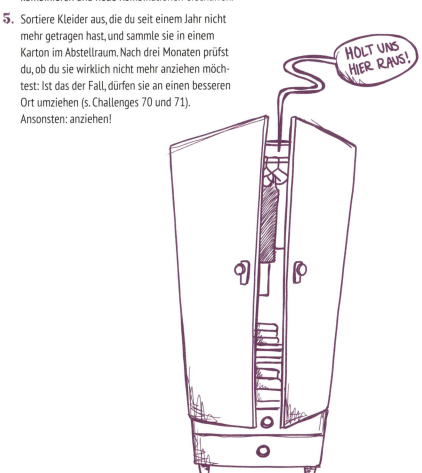

Challenge #70

EINE KLEIDERTAUSCH-PARTY FEIERN

Du hast deinen Kleiderschrank ausgemistet und willst dich auf den Weg zum Altkleidercontainer machen? Dann handhabst du es wie die meisten Deutschen: Fast drei Viertel der jährlich etwa 1,3 Mio. t ausrangierter Kleidung landen in Deutschland bei Textilverwertern. Allerdings eignen sich viele der ausrangierten Kleidungsstücke aufgrund schlechter Qualität nicht für den Wiederverkauf. Und wegen der hohen Konsum- und Wegwerfbilanz ist mittlerweile auch der Altkleidermarkt übersättigt und man versucht, die übrigen Klamotten ins Ausland abzuschieben. Nun verweigern aber immer mehr Aufkäuferländer die Annahme unseres Kleidungsmülls, oder sie haben den Import von Altkleidern zum Schutz der lokalen Textilproduktion zumindest eingeschränkt. Wenn du also Kleider weggeben willst mit dem Ziel, dass sie weiter genutzt werden, feiere am besten eine Kleidertauschparty mit deinen Freunden!

Der Effekt dieser Challenge

Eine Kleidertauschparty feiern = + zweites Leben für nicht mehr getragene Kleidungsstücke & eine Menge Spaß

Die Zahl der Kleidertauscher steigt erfreulicherweise: In der Altersgruppe der 18- bis 29-Jährigen haben 25% schon einmal Kleider getauscht. Es geht dabei nicht ums Geldverdienen, sondern darum, den Klamotten ein zweites Leben zu schenken und selbst das eine oder andere Schätzchen abzustauben.

Wie gut ist das Altkleiderrecycling?

Rund ein Viertel der gesammelten Altkleider in Deutschland werden recycelt – allerdings meistens nicht so, wie wir uns das vorstellen: Es werden seltenst neue Kleidungsstücke daraus gemacht. Das Problem liegt darin, dass es häufig nicht möglich ist, die Fasern erneut zu nutzen. Meistens sind sie nämlich aufgrund von herausgeschnittenen Etiketten nicht mehr eindeutig zu identifizieren, oder es handelt sich um Fasermischungen, die man nicht sauber trennen kann. Darum werden die Stoffe zum großen Teil geschreddert und zu Putzlappen oder Isolier- und Füllstoffen verarbeitet. Doch auch so bekommen sie zumindest noch ein zweites Leben, wenn auch ein eher kurzes.

Bucket List 111

Challenge #71

DINGE AUSSORTIEREN UND AUF DEM FLOHMARKT VERKAUFEN

Flohmärkte sind eine tolle Erfindung: Hier findet man wunderbare Secondhand-Klamotten, aber auch andere Gegenstände – eben alles, was der (private) Verkäufer bei sich zuhause noch hatte und nicht mehr gebrauchen kann. Und das Shoppen macht gleich doppelt so viel Spaß wie normal, denn handeln gehört zum guten Ton. Wenn du also mal wieder Klarschiff in deinem Zuhause gemacht hast, probiere es doch mal aus, auf der anderen Seite des Verkaufstischs zu stehen und gib deinen Sachen die Chance auf ein zweites Leben und einen neuen Besitzer, dem sie weiter Freude machen können!

Der Effekt dieser Challenge

Dinge aussortieren und auf dem Flohmarkt verkaufen = + zweites Leben für nicht mehr genutzte Dinge, mehr Platz zuhause & ein wenig Taschengeld

Neben dem guten Gefühl, sich von materiellen Dingen zu befreien und wieder mehr Raum zuhause zu haben, dankt auch die Umwelt: Dinge, die auf dem Flohmarkt verkauft werden, sorgen dafür, dass weniger Ressourcen aufgewendet werden müssen, um neue Dinge herzustellen.

Und so rockst du den Flohmarkt!

- Baue deinen Stand mit verschiedenen Ebenen auf, also etwa mit einer Kleiderstange neben dem Tisch, um Kleider oder Jacken aufzuhängen, und kleinen Podesten auf dem Tisch selbst. Für Letztere nutze umgedrehte Kisten und lege Stofftücher oder Tischdecken darüber; auf die Podeste kommen kleinere Gegenstände wie z.B. Sonnenbrillen.
- Präsentiere deine Ware so dekorativ wie möglich und halte die Ordnung, damit es nicht nach einigen Verkäufen aussieht wie auf einem Wühltisch.
- Wenn du im Sommer auf den Flohmarkt gehst, denke an einen Sonnenschirm.
- Vergiss den Stuhl für dich nicht sowie Getränke und Essen – so ein Flohmarkttag ist lang!
- Halte ausreichend Wechselgeld bereit.
- Nimm am besten einen Freund oder eine Freundin mit: So kann jemand aufpassen, solange du auf der Toilette bist, und mehr Spaß macht es zu zweit ohnehin!

Kein Verkäufertyp? Kein Problem!

Wenn du nicht gerne live mit Kunden sprichst oder dich nicht den ganzen Tag hinter einen Tisch stellen möchtest, gibt es Alternativen, um Ausrangiertes weiterzugeben statt wegzuwerfen.

1. Online-Portale. Es gibt zahlreiche Apps und Foren, über die du deine Schätze anbieten kannst, auch spezielle, z.B. nur für Kleidung oder Babysachen. Wenn du Selbstabholer findest, sparst du auch noch das Verpackungsmaterial und die Emissionen für das Verschicken ein.

2. Soziale Einrichtungen. Frauenhäuser, Sozialkaufhäuser oder Kindertagesstätten nehmen häufig gerne gut erhaltene Gegenstände und Kleidung an. Sie können auch beim Abtransport helfen, z.B. von Möbeln.

3. Probiere dich an der Nähmaschine aus und zaubere aus ausrangierten Kleidungsstücken etwas Neues, z.B. eine Denim-Tasche aus einer Jeans oder ein Kinderkleid aus einem Oberhemd. Die Möglichkeiten sind endlos!

Tipp:
Ein Standspiegel ist eine große Verkaufshilfe, wenn du Kleidungsstücke anbietest: Wenn sich die Leute in den Klamotten und Accessoires anschauen können, entscheiden sie sich leichter.

Challenge #72

1 JAHR LANG NUR VEGANE KLEIDUNG KAUFEN

Wir schlachten Tiere nicht nur zum Essen, sondern auch für unseren Style: Über 1 Mrd. Tiere werden pro Jahr z.B. für die Lederproduktion für Kleidung, Accessoires, Möbel und Schuhe geschlachtet. Dabei gibt es mittlerweile eine große Auswahl an veganen Alternativen.

Der Effekt dieser Challenge

1 Jahr lang nur vegane Kleidung kaufen = -Schlachttiere für die Lederproduktion
Laut der Tierschutzorganisation PETA enden etwa 40% aller geschlachteten Tiere nicht wie vielleicht erwartet auf dem Teller, sondern in vielfältiger Form im Kleider- oder Schuhschrank.

Kein guter Stoff!

Folgende Materialien solltest du in Zukunft besser meiden.

- **Wolle**
  Kuschlig und warm – klassische Strickwaren sind aus unserem Alltag kaum wegzudenken. Doch häufig stammt die Wolle von nicht artgerecht gehaltenen Schafen, Kaschmir-Ziegen und Alpakas oder von Angora-Kaninchen, die bei lebendigem Leib gerupft werden.
  Alternativen: Wollstoffe aus Bambus, Hanf, Leinen, Flachs, Lyocell, Tencel, Modal, Viskose.

> **Übrigens:**
> Sogar aus Brennnesseln, Maisfasern und Algen kann mittlerweile Wolle hergestellt werden.

- **Seide**
  Um an die Fasern der Seidenraupenkokons zu kommen, werden die Raupen bei lebendigem Leib in ihren Kokons gekocht.
  Alternativen: fair und ökologisch produziertes Nylon, Fasern aus den Samenschoten der Seidenpflanze, Baumwollseide, Sojaseide, Fasern des Kapokbaums, Rayon.

- **Leder**
  Abgesehen vom Leid der meisten Schlachttiere bringt die Lederproduktion einen weiteren Negativfaktor mit sich: Zum Gerben des Leders werden Unmengen an Chemikalien eingesetzt, die die Arbeiter krank machen und die Umwelt schädigen. In Deutschland ist vieles

davon nicht erlaubt, sodass man „einfach" im Ausland produzieren lässt, wo die Umweltstandards weniger streng sind.
Keine Alternativen: Lederimitate aus Kunststoff - diese basieren meist auf Erdöl.
Alternativen: Produkte aus Ananas-, Eukalyptus-, Pilz- oder Korkfasern aus nachhaltigem und ökologischem Anbau.

- **Daunen**
  Auch heute noch werden die Enten und Gänse bei lebendigem Leib gerupft.
  Alternativen: Bambus-, Mais- oder Kapokfasern aus nachhaltigem und ökologischem Anbau.

- **Pelz**
  Muss es wirklich ein Echtpelzkragen an der Kapuze sein? Tiere töten für die reine Zierde? Muss nicht sein, oder?
  Keine Alternativen: günstige Kunstpelze – aus ökologischer Sicht ebenfalls fragwürdig.
  Alternative: Verzicht.

> **Übrigens:**
> Auch wenn Kunstpelz draufsteht, kann es sich um echten Pelz handeln, da dieser manchmal sogar günstiger herzustellen ist als die künstliche Variante!

Vegan ist nicht gleich umweltfreundlich!

Weil ja keine tierischen Fasern verwendet werden, wird oft auf synthetische Fasern wie Polyester zurückgegriffen. Das Problem am kostengünstigen Polyester: Es besteht aus Erdöl und ist somit nicht biologisch abbaubar und häufig ist die Kleidung daraus nicht sehr hochwertig und geht schnell kaputt. Viele vegane Modelabels verwenden zumindest Recyclingpolyester: Dieser kann, wenn die Kleidung ausgedient hat, wieder eingeschmolzen und zu neuen Kleidungsstücken verarbeitet werden.

> **Tipp:**
> Auch was wie vegane Kleidung wirkt, kann tierische Stoffe enthalten; etwa in Form von Kleber, Perlmutt- oder Hornknöpfen oder z.B. Leder-Patches bei Jeans. Achte beim Kauf daher auf Logos wie das der Veganen Gesellschaft oder PETA Approved Vegan.

Challenge #73

MODE NUR NOCH FAIR ODER SECONDHAND SHOPPEN

Natürlich ist die Reparatur der absolut nachhaltigste Umgang mit vorhandener Kleidung. Doch das ist leider nicht sehr verbreitet in unserer Wegwerfgesellschaft: Umfragen zufolge haben 50% der Bevölkerung noch nie Kleidung zur Reparatur gebracht und 58 % der 18- bis 29-Jährigen sind noch nie zum Schuster gegangen. Viele Kleidungsstücke eignen sich leider auch nicht zum Reparieren, weil sie aus billigen Materialien hergestellt sind, um möglichst kostengünstig angeboten werden zu können. Wenn dann doch einmal ein neues Teil in den Schrank einziehen soll, dann ist der Weg in den Secondhand-Laden oder in Geschäfte mit ökologisch und fair produzierter Ware eine gute Idee. Die Kleidung aus biologischer und fairer Herstellung ist etwas teurer, Mode aus zweiter Hand hingegen ist meist günstig zu haben und dabei auch sehr hochwertig.

Der Effekt dieser Challenge

Mode nur noch fair oder secondhand shoppen = - Ausbeutung, Umweltzerstörung, Ressourcenverschwendung

Fair und nachhaltig produzierte Kleidung schadet der Umwelt weniger und es werden keine Menschen ausgebeutet, um sie herzustellen. Wer nicht so viel Geld ausgeben möchte, sollte sich im Vintage-Laden umsehen, auch hier werden Ressourcen geschont, weil nichts Neues produziert werden muss.

Vertrauen ist gut, (diese) Siegel sind besser!

1. Global Organic Textile Standard

Für Textilien, die mindestens zu 70 % aus biologisch erzeugten Naturfasern bestehen. Ab 95% Material in Bioqualität wird der Zusatz „organic" vergeben. Die meisten schädlichen Chemikalien sind verboten. Und es gibt einen sozialen Mindeststandard: keine Kinder- oder Zwangsarbeit, Verpflichtung zu Arbeitsschutz und Mindestlohn.

2. Naturtextil IVN zertifiziert BEST

Sehr strenge Auflagen und daher nicht so verbreitet: Es müssen 100 % biologisch erzeugte Naturfasern eingesetzt werden und das Chemikalienmanagement ist besonders streng geregelt. Zertifiziert wird die gesamte Produktionskette inklusive Fasergewinnung und Gewebeherstellung bis zum fertigen Produkt. Kein Einsatz von gesundheitsgefährdenden Substanzen. Einhaltung von Sozialstandards.

3. Fair Wear Foundation

Der Zusammenschluss aus Wirtschaftsverbänden, Gewerkschaften und NGOs setzt sich für faire Arbeitsbedingungen bei der Textilproduktion ein, vor allem in Billiglohnländern wie Afrika oder Asien. Die gesamte Produktionskette wird dabei betrachtet und es geht u.a. um Schutz vor Diskriminierung, geregelte Arbeitszeiten, existenzsichernde Löhne und rechtlich bindende Arbeitsverträge.

Challenge #74

VORHANDENE SMARTPHONES UND COMPUTER REPARIEREN STATT ERSETZEN

Gefühlt im Sekundentakt werden neue Computer, Tablets und Laptops auf den Markt geworfen – von Smartphones ganz zu schweigen. Klar, die neuen Modelle sind noch besser ausgestattet und vor allem besser als das, was man derzeit besitzt, die muss man haben! Wirklich? Steige mit dieser Challenge aus aus dieser schnelllebigen, ressourcenfressenden Maschinerie.

Der Effekt dieser Challenge

Vorhandene Smartphones und Computer reparieren statt ersetzen = - 20.000 l Wasser & unzählige weitere wertvolle Rohstoffe pro Gerät
Der Wasserbedarf für die Herstellung eines einzigen Computers ist unglaublich hoch, und die ganze Technik, die wir so selbstverständlich nutzen, enthält Unmengen an z.B. seltenen Erden, die unter widrigsten Bedingungen in fernen Ländern abgebaut werden.

Mitdenken von Anfang bis Ende

1. Erhalte oder optimiere bei Bedarf das, was du besitzt.
2. Wenn doch einmal ein neues Gerät angeschafft muss, weil das alte wirklich nicht mehr repariert werden kann, dann gibt es eine riesige Auswahl an gebrauchten Geräten, die auch noch um ein Vielfaches günstiger sind als die neuen Modelle.
3. Gib deine Altgeräte zum Recycling! Nur so kann zumindest ein Teil der wertvollen Rohstoffe, die sie enthalten, wiederverwendet werden.

Tipp:
Wenn du nach einem neuen Gerät Ausschau hältst, dann frage dich, welche Funktionen du wirklich brauchst. Du kannst bis zu 80% CO_2 einsparen, indem du auf das eine oder andere Extra verzichtest, denn je mehr dein Gerät bietet, desto mehr Energie verbraucht es im laufenden Betrieb.

Challenge #75

1 JAHR LANG NUR FSC-HOLZPRODUKTE KAUFEN

Möbel waren nie so günstig wie heute. Und wenn auch nicht für den Verbraucher, hat das doch seinen Preis, den Umwelt und Gesundheit bezahlen. Das Holz für die Billigmöbel stammt nämlich häufig aus illegaler Urwaldrodung oder aus Kunststoffen, es wird aus Pressholz zusammengeleimt und mit giftigen Lacken behandelt, die ihre Ausdünstungen zuhause an unsere Atemluft abgeben. Greife daher nur zu Produkten mit FSC-Siegel: Es kennzeichnet fair und ökologisch Produziertes aus nachhaltig gewonnenem Holz.

Der Effekt dieser Challenge

1 Jahr lang nur FSC-Holzprodukte kaufen = - Schadstoffe, Allergieauslöser, Urwaldrodungen
Ökologisch produzierte Holzprodukte sind natürlich in der Anschaffung etwas teurer, dafür aber schadstoffgeprüft, frei von Allergieauslösern, wesentlich langlebiger und aus Hölzern aus nachhaltiger Forstwirtschaft gefertigt.

Darauf kannst du dich verlassen

Das FSC-Siegel garantiert, dass das verwendete Holz aus Wäldern stammt, die umweltgerecht, sozialverträglich und ökonomisch bewirtschaftet werden. Wer ganz sicher gehen möchte, dass das Holz aus wirklich nachhaltigen Forsten stammt, sollte auch auf zertifizierte Tropenhölzer verzichten.

Tipp:
Am besten nur Möbel aus deutscher Produktion erwerben: Die Auflagen des Gesetzgebers für nachhaltige Forstwirtschaft in Deutschland sind relativ hoch, das Lohnniveau ist akzeptabel, und weder die fertigen Möbel noch das Holz an sich müssen sehr weit transportiert werden.

Challenge #76

3 MONATE LANG NICHT MEHR ONLINE SHOPPEN

Online shoppen ist super: Weil es praktisch und bequem ist und weil man dank Preisvergleich im Netz bares Geld sparen kann. Wer sich nicht sicher ist, welche Größe er benötigt oder welche Farbe er mag, bestellt den Artikel in verschiedenen Größen oder Ausführungen und schickt das, was „über" ist, einfach zurück: Kostet ja nichts! Dass damit nicht nur die Umwelt belastet wird, weil so viele Pakete transportiert werden müssen, sondern dass die Retouren beim Hersteller aus wirtschaftlichen Gründen in der Regel nicht neu verpackt und weiterverkauft, sondern direkt vernichtet werden, scheint niemanden zu stören. Brauchen wir das Zeug wirklich alles?

Der Effekt dieser Challenge

3 Monate lang nicht mehr online shoppen = - CO_2
Nicht nur die Rücksendungen, sondern auch der Transport der Pakete zum Endkunden verursachen eine Menge CO_2. Der Effekt des 3-monatigen Verzichts hängt sehr stark davon ab, wie häufig man etwas bestellt, und auch davon, wie viel man zurückschickt.

Negative Bilanz, zumindest fürs Klima

Ein weiterer Punkt, der die CO_2-Bilanz des Onlinehandels verschlechtert, ist, dass viele Kunden beim ersten Zustellungsversuch nicht zu Hause sind und der Paketbote mindestens ein zweites Mal mit dem Transporter vorfahren oder das Paket später vom Empfänger irgendwo abgeholt werden muss. Ganz präzise lässt sich die tatsächliche Öko-Bilanz nicht berechnen, doch Studien zufolge weist der Onlinehandel je nach Geschäftsmodell und Mobilitätskonzept der Kunden einen bis zu 240% höheren Treibhausgas-Ausstoß als das Einkaufsvergnügen im Laden vor Ort.

Nah und gut

Deine persönliche Ökobilanz verbesserst du also, indem du deine Einkäufe statt per Mausklick zu Fuß, mit dem Rad oder dem öffentlichen Nahverkehr erledigst. Noch besser wird's, wenn du vor allem in Geschäften kaufst, deren Waren regional und fair produziert werden. Ein positiver Nebeneffekt: Du unterstützt den kleinen Einzelhandel und trägst zur Diversität der Innenstädte bei.

Challenge #77

1 JAHR LANG AUF INLANDSFLÜGE VERZICHTEN

Flüge stoßen im Vergleich zu alternativen Verkehrsmitteln bis zu 7 mal so viele Treibhausgase aus (s. Challenge 65), die sich in Flughöhen außerdem noch stärker auf den Treibhauseffekt auswirken, als wenn sie auf dem Boden freigesetzt würden. Es schadet also der Umwelt, wenn du fliegst statt dich entspannt in den Zug zu setzen; und auch dir selbst bringt es nicht so viel, vor allem keine oder kaum zusätzliche Zeit: Viele Flughäfen liegen weit außerhalb und man braucht schon allein 30–50 Min., um mit öffentlichen Verkehrsmitteln oder dem Taxi in die Stadt zu gelangen. Der Hauptbahnhof hingegen liegt meistens zentral und ist sehr gut zu erreichen. Hinzu kommen Wartezeiten am Flughafen für die Sicherheitskontrolle, beim Boarding und nach der Landung das Warten auf das Gepäck.

Der Effekt dieser Challenge

1 Jahr lang auf Inlandsflüge verzichten = - 1628 kg CO_2
Durchschnittlich fallen bei einem Inlandsflug etwa 232 kg CO_2 pro Person an. Bei 8 Inlandsflügen pro Jahr, also 4 Reisen, sind das 1856 kg CO_2 pro Person. Mit dem Zug ergibt sich für eine Inlandsverbindung ein Mittelwert von 28,5 kg CO_2 pro Person; das sind bei 8 Fahrten 228 kg CO_2.

Challenge #78

1 JAHR LANG MAXIMAL EINEN LANGSTRECKENFLUG BUCHEN

Wer weit entfernte Reiseziele anstrebt, kann auf den Langstreckenflug nicht verzichten, das steht fest. Jedoch kann man überlegen, ob es wirklich mehrere Fernreisen pro Jahr sein müssen, denn schon eine verursacht einen enormen CO_2-Ausstoß und verstärkt deinen ökologischen Fußabdruck extrem. Und das völlig unnötig, denn die vielen herrlichen Destinationen innerhalb Europas können es locker aufnehmen mit dem Flair Asiens, der Karibik und Co.!

Der Effekt dieser Challenge

1 Jahr lang maximal einen Langstreckenflug buchen = - 10 t CO_2
Ein Flug von Deutschland auf die Malediven beispielsweise verursacht pro Person über 5 t CO_2, nach New York sind es ca. 3,8 t CO_2 – und man muss ja auch wieder zurück! Unternimmst du also 2 solcher Reisen mit insgesamt 4 Langstreckenflügen, ergibt das fast so viel CO_2, wie der Durchschnittsbundesbürger in einem ganzen Jahr an Emissionen verursacht, nämlich mehr als 10 Mio. t.

Kondensstreifen – mehr als heiße Luft

Die typischen weißen Kondensstreifen, die wir von unten erkennen können, wenn wir einem Flugzeug hinterher schauen, sind leider nicht so harmlos, wie sie aussehen. Sie entstehen, wenn der Wasserdampf und der Ruß aus den Abgasen des Flugzeugs, das in großer Höhe unterwegs ist, auf die kalte Luft treffen. Die dabei entstehenden Eiswolken halten die vom Boden aufsteigende Wärme in der Atmosphäre gefangen, sodass diese nicht ins All entweichen kann. In der Atmosphäre facht diese Wärme jedoch die globale Erwärmung an – es entsteht ein Treibhauseffekt.

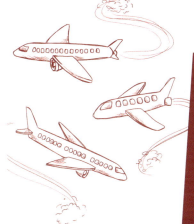

Tipp:

Mit CO_2-Kompensationsprojekten hast du die Möglichkeit, deine negative CO_2-Bilanz, z.B. durch einen Langstreckenflug, auszugleichen. Hierzu berechnet man zunächst, welche Menge an CO_2 freigesetzt wird, und bezahlt dann einen Betrag, der für Klimaschutzprojekte eingesetzt wird, die genau diese CO_2-Menge ausgleichen.

Challenge #79

1 JAHR LANG URLAUB IM UMKREIS MACHEN

Es stimmt: Warum in die Ferne schweifen? So viel Gutes liegt so nah! Versuche doch mal etwas Neues und suche im Umkreis von etwa 200 km um deinen Wohnort herum nach interessanten Orten zum Urlaubmachen. Neudeutsch spricht man bei dieser Art von Urlaub in der näheren Umgebung übrigens von „Micro-Adventures" – klingt gleich noch cooler, oder?!

Der Effekt dieser Challenge

1 Jahr lang Urlaub im Umkreis machen = - CO_2, Fahrtzeit, Reisestress
Die Vorteile: Du kannst entspannt mit dem Zug oder dem Reisebus – oder gar mit dem Rad – anreisen und sparst dadurch nicht nur schädliche Emissionen ein, sondern auch wertvolle Urlaubszeit, in der du nicht im Flieger oder im Auto sitzt, sondern schon Erlebnisse vor Ort genießen kannst.

Tolle Erlebnisse in Deutschland und den Nachbarländern

- **Lust auf Meer**
  Mit unendlich langen Sandstränden rund um Sankt Peter Ording, den malerischen Kreidefelsen auf Rügen und einer vielfältigen Inselwelt zeigen sich unsere heimischen Küstenregionen unglaublich vielseitig. Vom Inselhopping auf den Friesischen Inseln bis zur Wattwanderung von Cuxhaven nach Neuwerk ist einiges geboten.

- **Ich glaub, ich steh im Wald!**
  Waldbaden ist im Trend, und Deutschland hat mit seinen unzähligen Waldregionen die perfekten Kulissen dafür! Aufenthalte im Wald tun uns nachweislich gut und entspannen uns – egal ob man einfach nur bei ausgiebigen Spaziergängen die grüne Umgebung genießen oder dem Trend folgen möchte: Beim Waldbaden konzentriert man sich darauf, die Umgebung mit allen Sinnen wahrzunehmen. Hierdurch sinkt der Blutdruck, der Puls normalisiert sich und Stresshormone werden reduziert.

- **Hoch hinaus**
  Wer im Süden beheimatet ist, für den sind die schönsten Aussichtspunkte der Alpen nicht weit entfernt. Aber auch die Wanderregionen von Erzgebirge, Eifel, Harz, Rothaargebirge oder Weserbergland laden zu ruhigen bis abenteuerlichen Wander- und Klettertouren ein.

- **Gaumenfreuden**
  Für Gourmets sind unsere Weinregionen ein Paradies. Wie wäre es mal mit einer Winzer-Rundtour? In der Nähe gibt es meist auch noch kleine Käsereien und andere Manufakturen für regionale Spezialitäten, und übernachtet wird in urigen Wirtshäusern oder direkt auf dem Weingut.

- **Lilalaune**
  Mit 107.000 ha umfasst der Naturpark Lüneburger Heide die größten zusammenhängenden Heideflächen Mitteleuropas. Neben der beeindruckenden Heideblüte gibt es hier Moore, alte Wälder, Heidebäche, Flüsse und vitale Dörfer mit alten Hofanlagen und reetgedeckten Häusern zu entdecken.

- **Reise in die Vergangenheit**
  Malerische Städtchen wie Rothenburg ob der Tauber, Trier, Wismar, Neustrelitz, Celle oder auch Lüneburg bestechen mit mittelalterlichem Flair und laden zu Spaziergängen durch die Geschichte ein.

NACHHALTIG URLAUB MACHEN

Gerade im Urlaub lässt sich oft nicht alles umsetzen, was man zuhause an Routinen eingeübt hat, um seinen Alltag nachhaltiger zu gestalten. Mit ein wenig Vorbereitung aber kann man einiges mit in die schönste Zeit des Jahres übernehmen und so den Urlaub noch mehr genießen, weil sich Müllproduktion und CO_2-Ausstoß in Grenzen halten.

Der Effekt dieser Challenge

Nachhaltig Urlaub machen = - CO_2, Müll, Wasser
Nachhaltiges Reisen ist gar nicht so kompliziert, wenn du die Summe der Flüge minimierst und kleine Entscheidungen mit Bedacht triffst: Schon winzige Verhaltensänderungen machen einen großen Unterschied, das gilt auch für den Urlaub.

10 goldene Nachhaltigkeitsregeln für unterwegs

1. Passe die Länge des Aufenthalts an die Dauer und den Aufwand für die Anfahrt an, damit sich der Weg auch wirklich lohnt: Ab 700 km Entfernung solltest du mindestens 8 Tage bleiben, ab 2000 km mindestens 15 Tage.
2. Reise möglichst umweltfreundlich an mit Zug, Fernbus oder auch mit dem Rad!
3. Nutze auch vor Ort vor allem öffentliche Verkehrsmittel.
4. Vermeide Plastikmüll und Müll im Allgemeinen, z.B. durch clever ausgewählte Gegenstände, die du mitnimmst (s. rechts).
5. Übernachte in zertifizierten Öko-Unterkünften, auf dem Campingplatz oder in einer privaten Unterkunft.
6. Falls du im Hotel nächtigst, lasse deine Handtücher und Laken nicht täglich wechseln, das machst du zuhause ja auch nicht.

7. Sag Nein zu fragwürdigen Aktivitäten wie Elefantenreiten, Delfin-Shows usw.

8. Unterstütze die regionale Wirtschaft, indem du in authentischen Lokalen isst und auf dem Markt einkaufst – beides ohnehin tolle Erlebnisse auf Reisen!

9. Respektiere Land, Kultur und Leute. Wenn du ein Foto machen möchtest, frage zuerst nach, ob du das darfst.

10. Packe so wenig wie möglich ein: Jedes Kilo erhöht den Energieverbrauch deines Verkehrsmittels.

Ich packe meinen nachhaltigen Koffer

Diese Utensilien sind dir unterwegs hilfreich:

- deine wiederbefüllbare Trinkflasche
- deine Brotzeitbox, in der du ohne Plastiktüte oder -folie dein gekauftes oder selbst gekochtes Essen transportieren kannst
- deine ökologische Seife für Haut und Haar statt Shampoo und Duschgel in Flaschen
- dein To-Go-Kaffeebecher
- Taschenmesser und „Gröffel", eine Kombination aus Löffel und Gabel, für den Snack unterwegs

Tipp:

Es geht sogar ganz ohne Anreise! Wenn du den Jakobsweg laufen willst, musst du nicht erst nach Spanien fliegen: Das Wegenetz erstreckt sich über ganz Europa und auch durch Deutschland, Polen, die Schweiz und Österreich. Und auch die vielen Fernwanderwege und das Randwandernetz in Europa kann man quasi „ab der Haustür" nutzen.

Challenge #81

1 JAHR LANG AUF EIN EIGENES AUTO VERZICHTEN

Natürlich ist ein kompletter Verzicht auf das Auto häufig nicht möglich, aber darum geht es in dieser Challenge auch nicht. Es geht vielmehr darum, sich das eigene Auto zu sparen und stattdessen andere Mobilitätskonzepte zu nutzen wie Car-Sharing oder öffentliche Verkehrsmittel, das Rad oder Fahrgemeinschaften. Überlege und plane deine alternativen Mobilitätsstrategien ganz in Ruhe und teste sie zunächst einzeln über mehrere Wochen.

Der Effekt dieser Challenge

1 Jahr lang auf ein eigenes Auto verzichten = - 70 t Ressourcen & 5 t CO_2
Um ein einziges Auto zu bauen, ist eine unglaubliche Menge an Ressourcen notwendig, und während des Produktionsprozesses wird sehr viel CO_2 ausgestoßen.

Ein paar Fakten

1. 77,4 % aller privaten Haushalte in Deutschland verfügen über mindestens 1 Pkw, jeder 4. Haushalt sogar über 2 oder mehr, mit Schwerpunkten in den ländlichen Regionen, wo es weniger Alternativen zum Auto gibt als in der Stadt.

2. Die monatlichen Kosten für ein eigenes Auto liegen bei einem Mittelklassewagen pro Monat bei rund 500 Euro (anteiliger Kaufpreis sowie laufende Haltungskosten), das macht im Jahr 6000 Euro!

So geht's ohne!

- Erledige alle kurzen Wege zu Fuß oder mit dem Rad, die längeren nach Möglichkeit mit Bus und Bahn.

- Mache deine Einkäufe mit dem Rad, zu Fuß oder mit Bus und Bahn oder mit einer Einkaufs-Fahrgemeinschaft mit deinen Freunden.

- Starte mit „Autofasten", um dich an den Umstieg zu gewöhnen, und verzichte zunächst nur zeitlich dosiert auf das Auto. Eine Art Tagebuch hilft dir zu erkennen, wann du das Auto wirklich gebraucht hättest und wann nicht. Lässt sich eine Autofahrt nicht vermeiden, nutze Carsharing oder eine Mitfahrgelegenheit.

- Führe dauerhafte ein Fahrtenbuch, das dokumentiert, welche Strecken du mit dem PKW zurücklegst. Analysiere es und frage dich, ob die vielen Kilometer wirklich notwendig sind oder ob du hier nicht noch mehr CO_2 und Ressourcen einsparen kannst, indem du weder ein eigenes Auto noch ein fremdes nutzt, sondern einfach gar nicht fährst oder auf anderem Weg an dein Ziel kommst.

Challenge #82

1 SOMMER LANG AUSFLÜGE NUR MIT DEM RAD UNTERNEHMEN

Ob ins Freibad, an den See oder in einen hübschen Ort in der Umgebung, im Sommer sind wir draußen unterwegs – weil es so schön ist an der frischen Luft. Und dennoch steigen viele von uns ins Auto, um den Weg zum Ausflugsziel zu bewältigen. Dabei schlägst du gleich mehrere Fliegen mit einer Klappe, wenn du anstelle des PKWs einfach dein Fahrrad nimmst!

Der Effekt dieser Challenge

1 Sommer lang Ausflüge nur mit dem Rad unternehmen = - 44 kg CO_2
Angenommen, du unternimmst von Mai bis Ende August 16 Sommerausflüge mit einem Weg pro Strecke von etwa 15 km, legst du insgesamt 240 km dafür zurück. Mit dem Rad kannst du das gesamte CO_2 einsparen, das dein Auto dafür durchschnittlich verbrauchen würde.

So viele Vorteile ohne Auto!

1. Das Parkplatzproblem am Ausflugsziel interessiert dich nicht die Bohne.
2. Staus auf dem Hin- oder Rückweg umfährst du auf dem Radweg einfach.
3. Nach einem Sommertag sich auf dem Rad die Brise des Fahrtwinds ins Gesicht wehen lassen, anstatt sich in das aufgeheizte Auto zu setzen – herrlich und viel besser für den Kreislauf!
4. Ein zusätzliches Sportprogramm kannst du dir sparen.

Challenge #83

6 MONATE LANG AM WOCHENENDE DIE BRÖTCHEN MIT DEM RAD HOLEN

Ein guter Einstig ins Autofasten (s. Challenge 81) ist diese Challenge. Denn mal ehrlich: Der nächste Bäcker ist doch wirklich nicht so weit weg, dass sich das Anlassen des Autos überhaupt lohnt, oder? Zudem muss man meistens vor dem Laden auch noch in zweiter Reihe oder im Halteverbot parken, weil alles belegt ist.

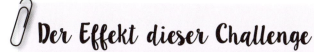

Der Effekt dieser Challenge

6 Monate lang am Wochenende die Brötchen mit dem Rad holen = - 36 kg CO_2
Gehen wir davon aus, dass der Bäcker 2 km entfernt ist, sind das 4 km Wegstrecke pro Brötchenholen. Genießt ihr jeweils am Samstag und Sonntag frische Brötchen, macht das 32 km pro Monat und 192 km in einem halben Jahr. Mit dem Rad sparst du das CO_2 deines Autos für diese Strecke komplett ein.

Challenge #84

1 MONAT LANG PAPIER UND PAPPE ZWEITVERWERTEN

Im Durchschnitt verursacht eine Person in Deutschland ca. 9 l Altpapier pro Woche, das ergibt ca. 468 l pro Jahr. Eine Menge Holz, wenn man bedenkt, dass Papier aus Bäumen hergestellt wird. Darum nicht jeden Karton, Brief oder Prospekt sofort in die Altpapiertonne werfen, sondern besser sammeln und zweitverwerten!

Der Effekt dieser Challenge

1 Monat lang Papier und Pappe zweitverwerten = - 36 l Altpapier

Laut dem Bundesministerium für Umwelt, Naturschutz und nukleare Sicherheit bilden Druck- und Pressepapiere (die wir zum Großteil unverlangt in den Briefkasten geworfen bekommen) mit 39% und Verpackungspapiere mit 48% die Hauptgruppen des allgemeinen Papierverbrauchs.

7 zweite Leben für Papier & Co.

1. Briefe, die nicht im Original aufbewahrt werden müssen, solltest du einscannen und digital archivieren. Ihre Blanko-Rückseiten kannst du noch als Notizzettel nutzen.

2. Fehldrucke oder Briefe mit Blanko-Rückseite können als Druckerpapier genutzt werden für alle Ausdrucke, bei denen es nicht stört, wenn auf der Rückseite etwas anderes steht.

Tipp:
Teste zuvor, mit welcher Seite nach oben du die Blätter in das Papierfach legen musst, damit auch wirklich die weiße Seite bedruckt wird.

3. Als Trennblätter für deine Aktenordner taugen alle dünnen Kartonagen. Schneide z.B. die Umverpackungen von Tiefkühlpizzen entsprechend zu, loche die Pappstücke und beschrifte sie.

4. Mit der Decoupage-Technik und etwas farbenfrohem Altpapier, z.B. Seiten aus Zeitschriften, verleihst du Ordnungsboxen, Blumentöpfen oder sogar Kleinmöbeln eine neue Optik. Die einzelnen Seiten und Ausschnitte in Streifen bzw. Stücke reißen und mit Decoupage-Kleber auf das Objekt aufbringen.

5. Ein Eierkarton eignet sich dank seiner Fächer als originelles Schmuckkästchen. Bemale den Karton nach Belieben, verziere ihn mit Glitzer, Perlen oder anderem Schnickschnack und lasse alles trocknen, bevor du deine Ringe, Ketten und Ohrringe in die Fächer sortierst.

6. Aus größeren Kartonresten kannst du ganz einfach eine hübsche und individuelle Schultüte basteln. Dazu zeichnest du einen Viertelkreis auf die Pappe, schneidest diesen aus und rollst ihn zu einer Tüte zusammen. Mit einem Tacker fixieren, bemalen und bekleben. Mit dem Schutzpapier vom letzten Schuhkauf die Tüte verschließen (statt Seidenpapier) – fertig!

7. Schuhkartons eignen sich perfekt als Ordnungsboxen für Kleinkram im Regal. Damit's hübsch aussieht, einfach einheitlich bemalen.

Tipp:
Wenn du dein persönliches Altpapieraufkommen dauerhaft reduzieren möchtest, hilft auch ein Aufkleber am Briefkasten: Bitte keine Werbung einwerfen!

Challenge #85

SCHRIFTVERKEHR AUF E-MAIL UMSTELLEN

Für jeden Brief braucht man Papier, eine Briefmarke und ein Transportmittel das ihn von A nach B befördert. Im privaten Bereich haben wir uns schon längst an die digitalen Alternativen gewöhnt und versenden Nachrichten oder auch Urlaubsgrüße über Apps, SMS und E-Mails. Bei offiziellem Schriftverkehr hingegen kommt der Postbote noch oft zum Einsatz. Bei Sendungen, die rein rechtlich postalisch abgewickelt werden müssen, sollte man aber zumindest einmal prüfen, ob nicht der E-Postbrief eine Alternative ist: Damit lassen sich Akten, Dokumente, Verträge, Rechnungen rechtsverbindlich digital verschicken.

Der Effekt dieser Challenge

Schriftverkehr auf E-Mail umstellen = - beförderte Briefe
Die genaue Ersparnis hängt davon ab, wie viel offizielle Post jeder Einzelne bekommt, das variiert sehr stark. Insgesamt sind die Zahlen der jährlich beförderten Briefe abnehmend, von etwa 18,6 Mrd. im Jahr 2017 auf rund 17,9 Mrd. in 2018.

Übrigens:
Bei allem Effizienzdenken: Über einen romantischen Liebesbrief oder eine echte Postkarte aus dem Urlaub dürfen wir uns trotzdem noch immer freuen – oder auch selbst welche verschicken!

Challenge #86

1 MONAT LANG JEDEN TAG MÜLL AUFHEBEN

Vom Kaugummi bis zum Coffee-to-go-Becher landen trotz hoher Geldstrafen von bis zu 250 Euro jährlich in jeder Stadt um die 1000 t Müll auf den Straßen, im Gebüsch und auf den Gehwegen. Von der ästhetischen und moralischen Problematik mal ganz abgesehen, ist die städtische Vermüllung eine ernstzunehmende Umweltbelastung. So verschmutzt beispielsweise bereits ein Zigarettenstummel alleine bis zu 50 l Wasser! Um dem entgegenzuwirken, kann jeder etwas tun und Müll von der Straße einsammeln und ordnungsgemäß entsorgen.

Der Effekt dieser Challenge

1 Monat lang jeden Tag Müll aufheben = - 155 Stücke Müll im öffentlichen Raum
Hebst du 31 Tage lang jeweils 5 Stücke Abfall im öffentlichen Raum auf, ergibt das einen ganz schönen Haufen am Monatsende!

Und wenn das alle machen würden?
Wenn alle 83 Mio. Einwohner in Deutschland jeden Tag nur 5 Stücke Abfall auf der Straße aufheben würden, hätten wir am Monatsende 12.865 Billionen Stücke Müll weniger im öffentlichen Raum – zu unvorstellbar, um wahr werden zu können, oder??

Übrigens:
Wer sportlich unterwegs ist, kennt vielleicht das sogenannte „Plogging". Der Trend aus Schweden ist schnell erklärt: Der Begriff ist eine Kunstbildung aus dem schwedischen Wort *plocka*, „sammeln" oder „aufheben", und Jogging und meint, dass man während des Joggens Müll aufsammelt und diesen am Ende der Strecke richtig entsorgt.

Bucket List 135

Challenge #87

1 JAHR LANG EIN HEIMISCHES PATENTIER UNTERSTÜTZEN

Wenn es um Tierpatenschaften geht, denkt man zuerst an Affen in den Tropen, Giraffen in der Steppe oder Löwen in der Savanne. Zu Recht, denn für viele bedrohte Exoten gibt es Tierpatenschaften. Allerdings gibt es so etwas auch für unsere heimischen Wildtiere, und das ist ein unmittelbarer Einsatz für die Natur unseres Landes. Über Organisationen wie NABU, Deutsche Wildtierstiftung oder Deutscher Tierschutzbund kannst du sehr günstige Patenschaften für Fledermäuse, Zugvögel, Adler, Schneeleoparden, Wölfe, Rothirsche, Feldhamster oder verwaiste Babys von Hasen, Uhus, Mardern oder auch Wildgänsen übernehmen.

Der Effekt dieser Challenge

1 Jahr lang ein heimisches Patentier unterstützen = + Erhalt von Lebensräumen & Wildnis

Tipp:
Du kannst auch eine Patenschaft für ein Tier übernehmen, das vom Tierschutz aus schlimmen Bedingungen gerettet wurde und nun untergebracht, gepflegt und versorgt werden muss.

Challenge #88

1 JAHR LANG EINE BAUMPATENSCHAFT ÜBERNEHMEN

Obwohl Bäume ein extrem wichtiger Bestandteil unseres Ökosystems sind, werden weltweit jedes Jahr mehr Bäume gerodet als neue wachsen. Mit fatalen Folgen! Denn jeder Baum, ob im Regenwald oder bei uns, übernimmt eine Vielzahl von Aufgaben. Die Wälder dieser Erde sind Lebensraum für Tiere und Menschen, versorgen uns mit Nahrung, Rohstoffen und sauberer Luft und binden langfristig je nach Art, Alter, Größe und Masse Unmengen an CO_2. Wenn die Bäume verschwinden, verschwinden mit ihnen also komplette Ökosysteme. Mit einer sehr günstigen Baumpatenschaft kannst du einen Baum neu pflanzen und so dazu beitragen, dass wieder mehr Bäume wachsen, als gefällt werden.

Der Effekt dieser Challenge

1 Jahr lang eine Baumpatenschaft übernehmen = - 10 kg CO_2
Ein Baum speichert durchschnittlich 10 kg CO_2 pro Jahr. Und auch wenn ein frisch gepflanzter Baum in den ersten Jahren noch nicht die volle Menge CO_2 absorbieren kann, so legst du mit der Neupflanzung eines Baumes doch einen soliden Grundstein für die Zukunft.

Und wenn das alle machen würden?
Wenn alle 83 Mio. Einwohner in Deutschland für 1 Jahr eine Baumpatenschaft übernehmen würden, könnten auf lange Sicht und in Kombination mit ausschließlich nachhaltiger Abholzung zusätzlich 830.000 t CO_2 gespeichert werden.

Bucket List

Challenge #89

EIN NACHBARSCHAFTS-PROJEKT INS LEBEN RUFEN

Gemeinsame Nachhaltigkeitsprojekte in der Nachbarschaft sind nicht nur gut für die Umwelt, sondern sie schweißen auch Menschen zusammen und lassen neue Kontakte entstehen.

Der Effekt dieser Challenge

Ein Nachbarschaftsprojekt ins Leben rufen = + gelebter Umweltschutz & Gemeinschaftsgefühl

6 Ideen, die Umwelt und Gemeinschaft fördern

1. **Darf ich dich mitnehmen?**
   Gerade im ländlichen Raum ist Mobilität ein großes Thema. In vielen Haushalten werden täglich zwei Autos genutzt. Fahrgemeinschaft lautet hier das Zauberwort, denn oft liegen Arbeitsplätze nahe beieinander. Gemeinsam ausgearbeitete Fahrpläne, abgestimmt auf die individuellen Arbeitszeiten oder Schichten, sind die Basis für den dauerhaften Erfolg.

2. **Eine Hand wäscht die andere.**
   Kein neues Konzept, sondern nur etwas aus der Mode geraten ist die gute alte Nachbarschaftshilfe. Richtet im Treppenhaus eures Hauses, beim Kiosk oder im Stammcafé eures Viertels ein Schwarzes Brett ein. Dort kann jeder Nachbar kleine Notizen hinterlassen, auf denen er beschreibt, was er besonders gut kann oder wobei er Hilfe benötigt; und es können kleinere Handwerkertätigkeiten, Renovierungsarbeiten und andere Gefälligkeiten getauscht werden – und wenn es nur das Wechseln einer Glühbirne ist. So muss nicht für jede Kleinigkeit ein Handwerker kommen.

3. Kann ich dir etwas mitbringen?

Ein Stück Butter, ein Liter Milch oder noch eine Salatgurke – besonders wegen frischer Lebensmittel fahren wir mehrfach pro Woche in den Supermarkt. Da wäre es doch schön, wenn deine Nachbarin nicht auch noch los müsste, nur weil ihr der Käse für das Frühstück fehlt. Schließe dich daher mit deinen Nachbarn zu einer Einkaufsgemeinschaft zusammen. In speziellen Apps kann jeder auf einem gemeinsamen Einkaufszettel eintragen, was er benötigt.

Übrigens:

Natürlich geht es nicht darum, den Wochenendeinkauf für zehn Leute erledigen zu müssen, sondern darum, die häufigen Extrafahrten wegen Kleinigkeiten zu vermeiden.

4. Lasst uns selbst anbauen!

Sowohl auf dem Land als auch in der Stadt finden sich freie Flächen, auf denen man Obst, Gemüse und Kräuter anbauen kann. Überlegt euch gemeinsam, welche Sorten allen schmecken würden, und teilt die Beetpflege unter allen Teilnehmern auf. Geerntet wird gemeinsam und natürlich wird auch die Beute anschließend gerecht aufgeteilt. Ergänzen könnt ihr euer Urban-Gardening-Projekt durch Baumpatenschaften, die ihr im Kollektiv übernehmt (s. Challenge 88).

5. Das nehmen wir Ihnen gerne ab!

Informiert euch bei umliegenden Supermärkten, Bäckern und Lebensmittelgeschäften, ob es die Möglichkeit gibt, ausrangierte Lebensmittel vor der Entsorgung zu retten. Die meisten Lebensmittel, die aufgrund gesetzlicher Vorgaben nicht mehr verkauft werden dürfen und in die Tonne wandern sollen, sind nämlich meist noch vollkommen in Ordnung. Auch hier könnt ihr einen Plan machen, wer, wann, wo und wie oft die Spenden einsammelt. Anschließend trefft ihr euch und teilt die Rettungsobjekte untereinander auf.

6. Bitte alle aufräumen!

Verabredet euch immer für den gleichen Samstag im Monat, um in eurer direkten Umgebung Müll aufzusammeln. Klappert die Spielplätze ab, überprüft die Hecken und sammelt alles ein, was dort nicht hingehört. Du wirst überrascht sein, wie viel Spaß das in der Gruppe macht und wie viele Menschen in der Umgebung sich von eurem Enthusiasmus anstecken lassen und sich anschließen.

Challenge #90

1 MONAT LANG EIN UMWELTPROJEKT IM AUSLAND FÖRDERN

Während der aktive Umweltschutz hierzulande in den Köpfen und auch in der Politik einen immer größeren Stellenwert einnimmt, ist das im Ausland oft noch nicht der Fall. Mit Aufklärung und Unterstützung in anderen Teilen dieser Erde kannst du daher einen wichtigen Beitrag zum globalen Umweltschutz leisten, ob aktiv mit tatkräftiger oder passiv mit finanzieller Unterstützung.

Der Effekt dieser Challenge

1 Monat lang ein Umweltprojekt im Ausland fördern = + Aufklärung & Entwicklungshilfe

Hier kannst du helfen!

Fast immer wird die Arbeit nicht entlohnt, oft sind aber zumindest Kost und Logis frei. Das Wichtigste ist: Wähle ein Projekt, das dir persönlich am Herzen liegt, etwa von diesen Organisationen:

Weltwärts
Der entwicklungspolitische Freiwilligendienst des Bundesministeriums für wirtschaftliche Zusammenarbeit und Entwicklung (BMZ) organisiert 6- bis 24-monatige Einsätze bei Partnerorganisationen zu den Themen Bildung, Gesundheit, Umwelt, Landwirtschaft, Kultur oder Menschenrechte. Um die Teilnahme muss man sich bewerben. Der Großteil der Kosten wird durch Fördergelder des BMZ gedeckt.

Natucate
Der Organisationsname aus den englischen Wörtern *nature* und *educate* sagt es schon: Es geht darum, Natur und Bildung in Einklang zu bringen. Die Agentur vermittelt Weiterbildungen im Ausland in Verbindung mit einem freiwilligen Einsatz in Projekten zum Natur-, Tier- und Artenschutz.

WWF Youth Volunteer Programm

Das internationale Freiwilligenprogramm des WWF betreut Umweltschutzprojekte in Ländern wie Madagaskar, Paraguay, Peru, Fidschi und Bhutan.

WWOOF

Die Federation of WWOOF Organisations (FOWO) ist eine weltweit vertretene Gemeinschaft, die Bewusstsein für ökologische Zusammenhänge schaffen möchte und Menschen die Gelegenheit gibt, auf ökologischen Höfen oder bei kleinen Selbstversorgern mitzuarbeiten und so zu lernen.

Rainbow Garden Village

Seit 1999 organisiert und betreut RGV Freiwilligenarbeit sowie Orientierungs- und Fachpraktika für Volunteers und Praktikanten. Spezialisiert ist diese Organisation auf Entwicklungs- und Schwellenländer in Afrika und Asien.

Entscheidungshilfen gegen die Qual der Wahl

Damit du die richtige Organisation für dich findest, achte auf folgende Punkte:

- ordnungsgemäße Registrierung der Organisation: Eintrag ins Vereins- oder Handelsregister, Steuernummer etc.

- eindeutig angegebene A dresse des Büros der Organisation auf deren Website

- Mitgliedschaft der Organisation in deutschen oder internationalen Dachverbänden, die Mindeststandards für internationale Austausche vorgeben

- zuverlässige Erreichbarkeit per Telefon und E-Mail, entweder auf Deutsch oder auf Englisch

- transparente Angaben zu Kosten, die auf Helfer zukommen könnten (bei einigen Organisationen ist die Vermittlung kostenpflichtig)

- transparente Informationen sowie aufgeschlossene Kommunikation mit den Ansprechpartnern, auch bei detailreichen Fragen.

Tipp:

Höre auf dein Bauchgefühl! Kommt dir nach dem ersten Kontakt etwas seltsam vor, hinterfrage es. Klärt sich das nicht vollständig auf, wähle eine andere Organisation.

Challenge #91

AUF ÖKOSTROM UMSTELLEN

Wenn du vom konventionellen Strommix zu Ökostrom wechselst, kannst du deinen CO_2-Fußabdruck deutlich reduzieren.

Der Effekt dieser Challenge

Auf Ökostrom umstellen = - 540 g CO_2/kWh
1 kWh herkömmlichen Stromes produziert etwa 600 g CO_2, 1 kWh Ökostrom hingegen nur etwa 40 g. Wer als Einzelperson etwa 1500 kWh pro Jahr verbraucht, spart also alleine durch den Wechsel etwa 810 kg CO_2 ein.

Was ist das eigentlich, Ökostrom?

Mit dem Begriff wird elektrische Energie bezeichnet, die aus erneuerbaren Energiequellen – Wind, Wasser, Solar – stammt. Aktuell beträgt der Anteil der erneuerbaren Energien am Bruttostrom, der in Deutschland erzeugt wird, rund 33%; die restlichen rund 67% stammen leider nach wie vor aus fossilen Quellen, allen voran Braunkohle (22,6%).

Tipp:
Um sicherzugehen, dass du mit deiner Stromrechnung auch wirklich die Energiewende und den Klimaschutz unterstützt, solltest du bei der Wahl deines Ökostromanbieters auf die vom Bundesumweltamt empfohlenen Siegel ok-Power und Grüner Strom achten.

Challenge #92

1 JAHR LANG DEN WLAN-ROUTER NACHTS AUSSCHALTEN

Der WLAN-Router ist ein wahres Arbeitstier, versorgt er uns doch rund um die Uhr mit Internet – obwohl wir es z.B. nachts gar nicht brauchen. Doch der Router läuft trotzdem, und zwar unter Dauerstrom. Dabei kannst du sowohl deine Stromkosten als auch deinen CO_2-Fußabdruck verringern, wenn du den Router für mehrere Stunden am Tag vom Stromnetz nimmst. Am besten funktioniert das mit einer Zeitschaltuhr aus dem Fachhandel. Hier kannst du genau programmieren, wann du on- und wann du offline sein möchtest.

Der Effekt dieser Challenge

1 Jahr lang den WLAN-Router nachts ausschalten = - 11 kg CO_2
Ein WLAN-Router verbraucht im Standby-Modus durchschnittlich ca. 64 kWh und produziert so ca. 34 kg CO_2 pro Jahr; wenn man ihn nutzt, ist der Stromverbrauch nur unwesentlich höher. Schaltest du deinen Router für 8 Stunden pro Tag aus, reduziert sich der CO_2-Ausstoß deutlich.

Und wenn das alle machen würden?
Würden das die Bewohner aller 41 Mio. privaten Haushalte in Deutschland auch machen, könnten wir gemeinsam 758.500 t CO_2 pro Jahr einsparen.

Zwei weitere Gründe für einen regelmäßig schlafenden Router

1. Das Bundesamt für Strahlenschutz empfiehlt grundsätzlich, die persönliche Strahlenbelastung so gering wie möglich zu halten; und der Router strahlt auch.

2. Mit dem Ausknopf schützt du dein WLAN vor Missbrauch von außen, denn immer wieder werden auch private Router von Hackern angegriffen.

Bucket List 143

Challenge #93

6 MONATE LANG NICHT BENÖTIGTE GERÄTE VOM STROM TRENNEN

Wusstest Du, dass man den Stand-by-Modus auch „Schein-Aus-Modus" nennt? Zu Recht, denn auch wenn es scheint, als hätte man das Gerät ausgeschaltet, verbraucht es trotzdem noch Strom: Es wartet ja nur darauf, dass du es wieder in Betrieb nimmst. Zeit, diesen unnötigen Stromfressern den Stecker zu ziehen, wenn sie nicht in Gebrauch sind!

Der Effekt dieser Challenge

6 Monate lang nicht benötigte Geräte vom Strom trennen = - 10% CO_2
Der Stromverbrauch im Stand-by-Modus beträgt rund 10% des Stromverbrauchs im Arbeitsmodus. Verbraucht der durchschnittliche Einpersonenhaushalt mit 7 Stromverbrauchern etwa 326 kWh, gehen davon alleine rund 30 kWh für Stand-by drauf.

Alternativen zum radikalen Steckerziehen

1. Tausche deine Mehrfachstecker gegen schaltbare Modelle. So kannst du etwa den Stand-by-Modus von Computer, Drucker und Monitor ganz einfach mit einem Klick beenden.

2. Intelligente Steckdosenleisten bzw. Funksteckdosen kann man mit einer Fernbedienung oder mit dem Smartphone steuern und so die Geräte ganz einfach vom Strom trennen.

Tipp:

Unmengen an Stand-by-Stromverbrauch einsparen kann man während des Urlaubs: Bevor es losgeht, solltest du sämtliche Geräte und auch die Mehrfachsteckdosen aus den Steckdosen ziehen. Denn auch wenn die Mehrfachleisten an sich schon helfen, den Stand-by-Schnorrern Einhalt zu gebieten, benötigen sie selbst auch Strom (wenngleich ganz, ganz wenig). Ein weiterer Vorteil, wenn deine Wohnung in der Urlaubszeit sozusagen vom Netz geht: Die Geräte fallen weder einem Blitzeinschlag zum Opfer, noch können sie überhitzen.

Versteckte Stromfresser in deinem Reich

Du möchtest dem Stand-by-Modus in deinem Zuhause den Garaus machen? Dann halte die Augen offen nach diesen heimlichen Stromsaugern, die neben den offensichtlichen Tätern wie Fernseher und Computer ihr Unwesen treiben:

- **WLAN-Router**
- **Ladestation für die elektrische Zahnbürste**
- **Waschmaschine**
- **Trockner**
- **Spielekonsole**
- **Lautsprecherboxen oder Soundsystem**
- **Netzteil eines Deckenfluters**
- **Radiowecker**
- **Kaffeemaschine**
- **Internet-Radio**

Übrigens: Das Ladegerät für dein Smartphone erhöht deine Jahresstromrechnung etwa um bis zu 10 %, wenn es dauerhaft eingesteckt ist!

Bucket List **145**

Challenge #94

1 MONAT LANG MAXIMAL 3 STUNDEN TÄGLICH FERNSEHEN

Im Schnitt schauen die Deutschen pro Tag mehr als 3,5 Stunden fern. Das bedeutet, es gibt Menschen, die gar nicht gucken, und welche, bei denen die Glotze deutlich länger läuft. Zählst du zur zweiten Gruppe, dann kennst du vielleicht folgende Szenarien: Es kommt eigentlich nichts Gutes im Abendprogramm, also bleibt einfach irgendetwas an und du daddelst auf dem Handy oder Tablet herum. Oder: Damit es beim Kochen oder Putzen nicht so still ist, läuft der Fernseher, vollkommen unbeachtet – und verbraucht Strom. Damit einher gehen CO_2-Emissionen, die sich schnell in Luft auflösen, wenn du deinen Fernsehkonsum überlegter gestaltest.

Der Effekt dieser Challenge

1 Monat lang maximal 3 Stunden täglich fernsehen = - 5 kg CO_2
Wenn das TV-Gerät mit einem durchschnittlichen Verbrauch von 100 W pro Tag 6 Stunden läuft, macht das 0,6 kWh am Tag und damit 18,6 kWh im Monat. Der CO_2-Ausstoß dafür beträgt ca. 10 kg. Halbierst du die TV-Laufzeit, halbieren sich auch der Stromverbrauch und damit die CO_2-Bilanz.

Schöner schauen

- Überlege dir im Vorfeld genau, welche Sendung oder welchen Film du sehen möchtest und schalte den Fernseher erst zu Beginn der Sendung ein und am Ende gleich wieder aus.
- Genieße das gewählte Programm bewusst und lasse dich nicht vom Smartphone ablenken.
- Stellst du fest, dass dir die Sendung doch nicht gefällt, schalte den Fernseher aus und greife stattdessen zu einem guten Buch.

Tipp:
Sollte dein TV-Gerät von der genannten durchschnittlichen Wattzahl deutlich abweichen, kannst du mit dieser Formel die genaue kWh-Zahl pro Jahr berechnen:

Watt x Nutzung in h: 1000 x 365 (Tage) = Stromverbrauch des Geräts in kWh pro Jahr

Challenge #95

1 JAHR LANG DAS LICHT AUSSCHALTEN, WENN DU NICHT IM RAUM BIST

Der Letzte macht das Licht aus: So sollte es sein, ist es aber oft nicht. Und dann brennt die Deckenleuchte im Badezimmer den ganzen Abend, obwohl man selbst im Wohnzimmer auf dem Sofa sitzt. Bequemlichkeit und Unachtsamkeit sind die Gründe dafür. Dabei lässt sich durch das bewusste An- und Ausschalten der Beleuchtung eine Menge Energie einsparen. Allerdings ist zu bedenken, dass ständiges Ein- und Ausschalten die Lebensdauer der Birnen herabsetzen kann – es ist also abzuwägen, ob man das Licht brennen lässt, z.B. wenn man nur kurz den Raum verlässt, oder es ausschaltet.

Der Effekt dieser Challenge

1 Jahr lang das Licht ausschalten, wenn du nicht im Raum bist = - CO_2
Wenn du dir sicher bist, den Raum nur für wenige Minuten oder gar Sekunden zu verlassen, kannst du das Licht mit gutem Gewissen brennen lassen. Anders ist es, wenn du das Zimmer dauerhaft verlässt.

Übrigens:
Bei LEDs fällt es eigentlich kaum noch ins Gewicht, wenn sie mal versehentlich länger brennen, denn ihr Stromverbrauch ist insgesamt sehr gering. Und dabei sind sie im Vergleich mit den alten 100-Watt-Glühbirnen und auch den Energiesparlampen auch noch extrem hell!

Challenge #96

NUR NOCH STROMSPARENDE LEUCHTMITTEL VERWENDEN

Nach jahrzehntelangem Zusammenleben mit der Glühlampe, kann es einem schon schwerfallen, sich von ihr und dem gewohnten Licht loszusagen und zu neuen, effizienteren Alternativen zu greifen. Aber es lohnt sich. Denn Energiesparlampe und LEDs überzeugen mittlerweile nicht nur mit wunderbarer Leuchtkraft und Farbtemperaturen, sondern sparen im Vergleich zur guten alten Birne auch eine Menge Strom; zudem leben sie sehr viel länger.

Der Effekt dieser Challenge

Nur noch stromsparende Leuchtmittel verwenden = + 24.000 Std. Licht
Vergleicht man die Lebensdauer einer klassischen Glühbirne – die übrigens am schlechtesten abschneidet bei einem Vergleich der gängigen Leuchtmittel Glühbirne, Halogen-, Energiespar-, LED-Lampe – mit der einer LED-Lampe, ist der Unterschied gravierend: max. 1000 Std. gegenüber max. 25.000 Std.!

Welche Temperatur hat Licht?

Warmweiß oder mit kühlerem Blaueinschlag – die sogenannte Farbtemperatur, die als Wellenlänge im Lichtspektrum definiert ist, wird in Kelvin angegeben und hat einen großen Einfluss auf die Raumwirkung. Wir empfinden in der Regel warme Lichtfarben als wesentlich angenehmer als kalte. Damit du dir zu Hause nicht vorkommst wie in der Wartehalle des Flughafens, solltest du daher beim Kauf neuer Leuchtmittel auch auf deren Farbtemperatur achten: Bei tageslichtähnlichen LED-Leuchten liegt diese bei 5500–6000 Kelvin, bei LEDs mit „warmweißem" Licht bei 2700–3000.

Das Licht macht's!

Wohnzimmer und Schlafzimmer: Für eine entspannte und wohlige Atmosphäre wähle warmweißes Licht.

Küche, Bad und Flur: Um Details beim Kochen oder vor dem Spiegel besser zu sehen, empfiehlt sich neutralweißes Licht.

Arbeitszimmer: Das sogenannte Tageslichtweiß fördert die Konzentration und Leistungsfähigkeit.

Challenge #97

1 SOMMER LANG AUF DIE KLIMAANLAGE VERZICHTEN

Wenn die Sonne knallt und der Sommer die Temperaturen in die Höhe treibt, ist der Powerknopf der Klimaanlage schnell betätigt. Und schon lassen die Kühlgeräte die Raumtemperatur sinken, die CO_2-Emissionen jedoch im Gegenzug ziemlich steigen. Um nicht zuletzt deine Stromrechnung zu schonen, solltest du das Gerät darum besser ausgeschaltet lassen.

Der Effekt dieser Challenge

1 Sommer lang auf die Klimaanlage verzichten = - 165 kg CO_2
Läuft deine Klimaanlage über den Sommer an 30 Tagen, stößt sie ca. 165 kg CO_2 aus.

Zu cool?!

Keine Klimaanlage zu verwenden, ist übrigens auch gut für deine Gesundheit, denn bei großen Temperaturdifferenzen zwischen drinnen und draußen zieht man sich leichter eine Erkältung zu; außerdem belasten solche „Wechselbäder" den Kreislauf. Damit es auch ohne diese Risiken und ohne Klimaanlage erträglich bleibt, versuche doch mal Folgendes:

- Ist für den Tag Hitze angekündigt, lüfte am frühen Morgen und halte für den Rest des Tages die Fenster geschlossen: So kann die Wärme nicht in die Wohnung eindringen.

- Auch wenn's düster ist: Ziehe tagsüber die Vorhänge zu und lasse die Jalousien runter.

- Sinken die Temperaturen in der Nacht, öffne die Fenster für längere Zeit.

- Energieeffiziente Ventilatoren sorgen zwischendurch für Abkühlung. Ihr Geheimnis: Bewegte Luft fühlt sich kälter an als stehende.

- Hänge feuchte Laken oder Handtücher auf: Während des Trocknungsprozesses wird der Raumluft Wärme entzogen und es entsteht die sogenannte Verdunstungskälte. Die nass gemachten Stoffe dafür gut auswringen und vor das Fenster oder über einen Wäscheständer hängen.

Challenge #98

WEIHNACHTEN MÜLLFREI FEIERN

Ja, wir lieben Glitzer und Funkeln, gerade zu Weihnachten. Doch die Freude an Lametta, Geschenkpapier & Co. verfliegt schnell, wenn man sich den Müllberg nach dem Fest anschaut. Versuche es dieses Jahr doch mal müll- und verpackungsfrei.

Der Effekt dieser Challenge

Weihnachten müllfrei feiern = - beschichtete Papiere, Lebensmittelverschwendung, gefällter Baum, Verlegenheitsgeschenke, Wegwerfdeko
Es gibt einige Alternativen zu vielem, was wir traditionell kennen und lieb gewonnen haben, mit denen sich ein mindestens ebenso schönes und liebevolles Fest feiern lässt!

Die Top 5 Ideen für ein müllfreies Fest der Liebe

1. **Statt Geschenkpapier**
   Nicht nur Kindern macht das Geschenkeauspacken großen Spaß, und den wollen wir auch gar nicht verderben. Wir nutzen aber nachhaltige Verhüllungen, z.B. wiederverwendbare Geschenkbeutel aus Stoffresten, einfache Stofftücher oder auch Zeitungspapier – gerade letzteres sieht überraschend gut aus, denn so haben alle deine Pakete den gleichen Look.

2. **Statt einem Zuviel an Lebensmitteln**
   Zu kaum einer anderen Jahreszeit verderben so viele Lebensmittel wie rund um Weihnachten. Kaufe von vornherein weniger ein und kläre ab, ob das geplante Menü auch jeder mag.

   Tipp: Achte zudem – wie immer – darauf, alle Zutaten verpackungsfrei einzukaufen.

3. **Statt Tannenbaum**
   Jedes Jahr eine Tanne zu fällen, um sie nach 2 oder 3 Wochen im Wohnzimmer wieder zu entsorgen, ist eine geliebte Tradition, aber ökologisch eine Katastrophe. Wenn du einen Garten hast, kannst du zumindest einen Baum mit Wurzelballen kaufen und diesen nach Weihnachten auspflanzen. Oder du zimmerst dir deinen Weihnachtsbaum einfach selbst aus Ästen – schlicht, stilvoll und nachhaltig, da wiederverwendbar und am Ende kompostierbar!

4. Statt Geschenken für alle
Alle Jahre wieder besorgt jeder für jeden aus dem Kreise seiner Liebsten ein Geschenk – da kommt einiges zusammen, und nicht immer kann der Beschenkte das Ausgewählte auch gebrauchen. Hier ist Wichteln eine tolle Idee – einfach die Namen aller Teilnehmer auf Zettel schreiben, auslosen und nur für die zugeloste Person ein wohlüberlegtes, persönliches Geschenk besorgen, über das sich diese auch wirklich freut.

5. Statt mehr neues Zeug
Weniger Materielles, dafür mehr Quality Time – etwas Schöneres kann man kaum schenken. Die Ideen sind so vielfältig und zahllos wie eure Interessen: Kanufahrt, Picknick, Radtour, Besuch in der Kletterhalle ... Erlaubt ist, was dem Beschenkten Spaß bringt! Auch Tier-, Fluss-, Wald-, Meeres- oder Baumpatenschaften lassen sich hervorragend und ganz ohne Materialeinsatz verschenken oder z.B. ein Gutschein für deine Oma über ein Jahr lang Wochenendeinkauf übernehmen.

6. Statt Lametta
Hier eine Kugel, dort ein Engel – jedes Jahr zieht etwas Neues für den Baum in die Weihnachtskiste ein, dabei ist die doch längst voll. Wenn du dir mal einen anderen Look wünschst, greife besser auf Mutter Natur zurück: Tannenzapfen, Bucheckern, Nüsse, Nadel- und Beerenzweige oder getrocknete Orangenscheiben schmücken Baum und Tisch aufs Herrlichste und produzieren nur Abfall, der einfach verrottet.

Bucket List 151

Challenge #99

1 JAHR LANG NUR SELBSTGEMACHTES VERSCHENKEN

Wer Selbstgemachtes verschenkt, zeigt, dass er sich Gedanken gemacht und sich Zeit genommen hat, um etwas Schönes und Persönliches zu kreieren – was für ein tolles Geschenk! Und wenn hierbei auch noch z.B. Stoff- oder Wollreste oder die Ernte aus dem eigenen Garten zum Einsatz kommt, ist der Nachhaltigkeitsgedanke perfekt gelebt.

Der Effekt dieser Challenge

1 Jahr lang nur Selbstgemachtes verschenken = - Konsumgüter & nicht nachhaltige und nicht faire Produktionsprozesse
Wer selbst produziert, kann sein Geschenk so umweltbewusst wie möglich herstellen.

Die Top 6-Geschenkideen aus eigener Produktion

1. **Für Genießer**
   Eingemachtes, Marmelade, Kräuteröle, Kekse ... Am allerschönsten werden solche Geschenke aus der Küche mit Produkten aus dem eigenen Garten und hübsch verpackt, z.B. in stylishe Einmachgläschen und Flaschen mit selbst gestalteten Etiketten und in einer schlichten Holzbox arrangiert.

2. **Für Helden am Herd**
   Zugegeben, es nimmt etwas Zeit in Anspruch, sorgt aber garantiert für Begeisterungsstürme: ein handgeschriebenes Kochbuch. Besonders schön dafür: Blanko-Bücher aus Recyclingpapier und eine liebevolle Gestaltung z.B. mit Fotos, Zeichnungen usw.

3. **Für Zuhausebleiber**
Ein schönes Geschenk für den Winter sind z.B. selbst gemachte Badekugeln. Dank einer cleveren Zutatenkombination aus Natron und Zitronensäure fangen die Saubermacher im Badewasser an zu sprudeln und verleihen der Wanne Whirlpool-Charakter.

Du brauchst:
250g Natron | 125g Zitronensäure | 60g Speisestärke | 60g Bio-Kokosöl | ätherisches Öl | getrocknete Blüten, geriebene Zitronenschale oder loser Tee

1. Natron, Zitronensäure und Speisestärke in einer Schüssel miteinander vermischen.
2. Kokosöl über einem Wasserbad schmelzen und mit ätherischem Öl in einer zweiten Schüssel vermengen.
3. Die flüssigen Zutaten nach und nach zu den trockenen Zutaten geben, dabei langsam vorgehen, damit Zitronensäure und Natron nicht miteinander reagieren und es zu sprudeln beginnt. Die Konsistenz sollte recht pulvrig bleiben, wie nasser Sand.
4. Die Masse zu Kugeln formen und in getrockneten Blüten, Zitronenschale oder Tee wälzen, für einige Stunden in den Kühlschrank geben und mehrere Tage trocknen lassen.

4. **Für Kuschelmonster**
Wer öfters strickt, hat sie in Massen über: Wollreste. Man kann aus ihnen natürlich Socken stricken, doch auch Kreativeres wie Kinderpullis, Mützen oder Stirnbänder – einfach verschieden dicke Wollfasern in unterschiedlichen Farben kombinieren, schon ist der Look einzigartig!

5. **Für Design-Liebhaber**
Ob Servierteller oder Obstschale – ganz individuelle Einzelstücke lassen sich hervorragend aus Ton herstellen. Die meisten Volkshochschulen bieten Töpferkurse an. Wer später zuhause töpfert, kann seine Werke in einer Töpferwerkstatt brennen lassen.

Challenge #100

1 JAHR LANG GEBURTSTAGE MÜLLFREI FEIERN

Zugegeben, über eine handgeschriebene Einladung im Briefkasten freut man sich mehr als über eine Einladung per Handy oder E-Mail. Aber nach der Feier landet das gute Stück doch sowieso nur im Müll. Und das ist erst der Anfang: Dort, wo die Party stattfindet, entsteht allerlei Abfall, der vermeidbar wäre. Also los, versuchen wir es: Alle Krönchentage des Jahres, von Tochter bis Opa, werden müllfrei zelebriert!

Der Effekt dieser Challenge

1 Jahr lang Geburtstage müllfrei feiern = - Einladungskarten, Verlegenheitsgeschenke, Geschenkpapier, Lebensmittelverpackungsmüll, Plastikgeschirr, PET-Flaschen

So wird's eine Zero-Waste-Party!

1. Einladungen per Email oder Handy verschicken: Damit sich deine Gäste über die digitale Version ebenso freuen wie über die Papierkarte, nimm dir im Vorfeld ein wenig Zeit und gestalte sie hübsch mit Fotos, Clip-Arts oder Grafikelementen.

2. Stelle auch eine Wunschliste auf, die du deinen Gästen zur Verfügung stellst: So vermeidest du Geschenke, die du nicht gebrauchen kannst, und ersparst es deinen Gästen, sich etwas ausdenken zu müssen, was dir gefallen könnte. Erkläre hier auch, dass du dich über Unverpacktes am allermeisten freust, und rege Zero-Waste-Geschenke an, z.B. gemeinsame Zeit.

3. Fürs Geburtstagsmenü solltest du auf abgepackte Salate oder Grillgut verzichten und selbst kochen. So kannst du auch noch die Zutaten verpackungsfrei einkaufen.

4. Serviert werden die Köstlichkeiten natürlich auf Geschirr aus dem eignen Küchenschrank. Wenn du selbst nicht genügend Geschirr für alle Gäste hast, frage Nachbarn und Freunde, ob du dir etwas leihen kannst.

5. Serviere Getränke in Glasflaschen und vermeide PET-Flaschen.

6. Versuche als Deko doch mal, eine Girlande aus Wollresten oder Zeitungspapier zu basteln, und präsentiere Kerzen und Blumen in sauberen Konservengläsern.

MEINE PERSÖNLICHE BUCKET LIST FÜR EIN NACHHALTIGES LEBEN

- [ ] _____
- [ ] _____
- [ ] _____
- [ ] _____
- [ ] _____
- [ ] _____
- [ ] _____
- [ ] _____
- [ ] _____
- [ ] _____
- [ ] _____
- [ ] _____
- [ ] _____
- [ ] _____
- [ ] _____

MEINE PERSÖNLICHE BUCKET LIST FÜR EIN NACHHALTIGES LEBEN

- [ ] _____
- [ ] _____
- [ ] _____
- [ ] _____
- [ ] _____
- [ ] _____
- [ ] _____
- [ ] _____
- [ ] _____
- [ ] _____
- [ ] _____
- [ ] _____
- [ ] _____
- [ ] _____

1-Monats-Challenges

CHALLENGE # _____
MONAT _____

1-Monats-Challenges

CHALLENGE # _____
MONAT _____

Bucket List 163

1-Monats-Challenges

CHALLENGE # _____
MONAT _____

1-Monats-Challenges

CHALLENGE # _____
MONAT _____

1-Monats-Challenges

CHALLENGE # _____
MONAT _____

3-Monats-Challenges

CHALLENGE # ___

....

170 Bucket List

CHALLENGE # ___

....

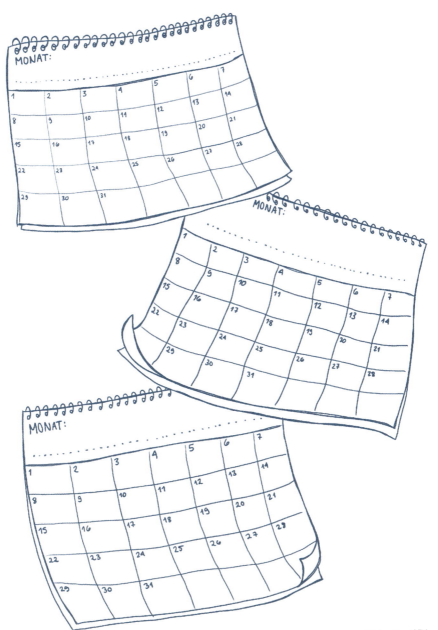

3-Monats-Challenges

CHALLENGE # ___

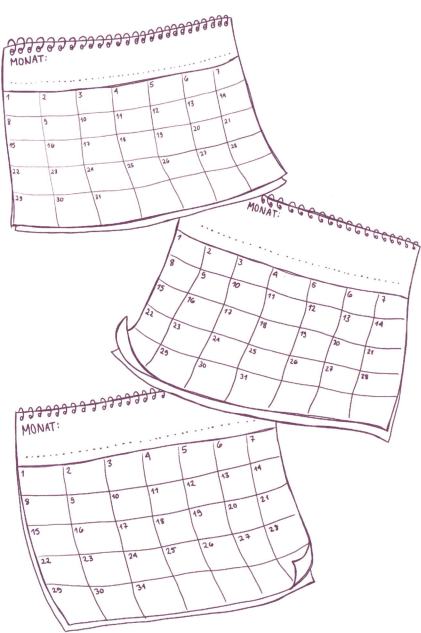

172 Bucket List

CHALLENGE # ___

3-Monats-Challenges

CHALLENGE # ___

CHALLENGE # ____

....

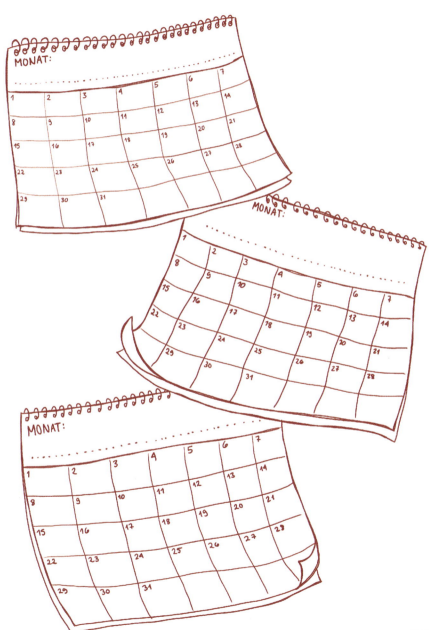

Bucket List 175

3-Monats-Challenges

CHALLENGE # ____

....

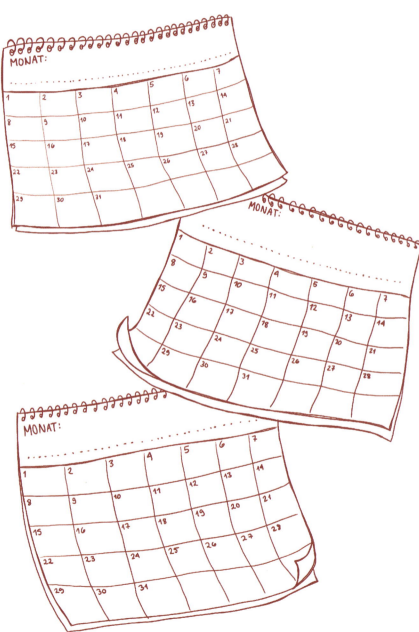

176 Bucket List

CHALLENGE # ____

....

3-Monats-Challenges

CHALLENGE # ____

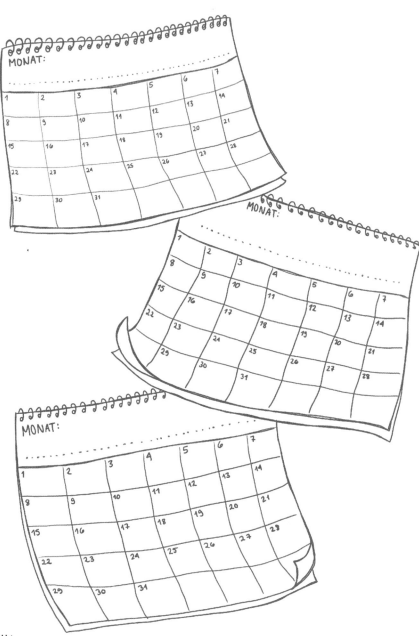

CHALLENGE # ___

....

3-Monats-Challenges

CHALLENGE # ____

....

CHALLENGE # ____

....

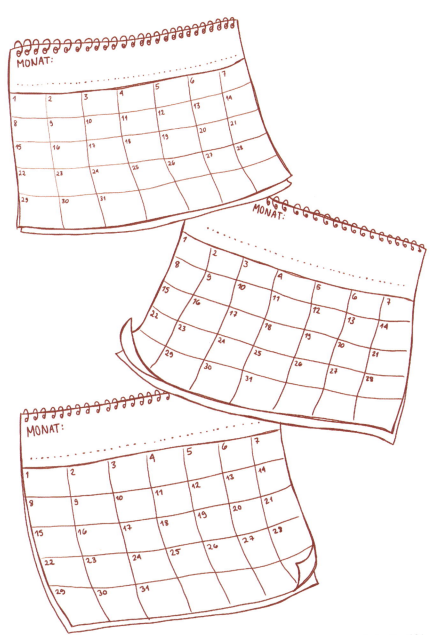

3-Monats-Challenges

CHALLENGE # ___

....

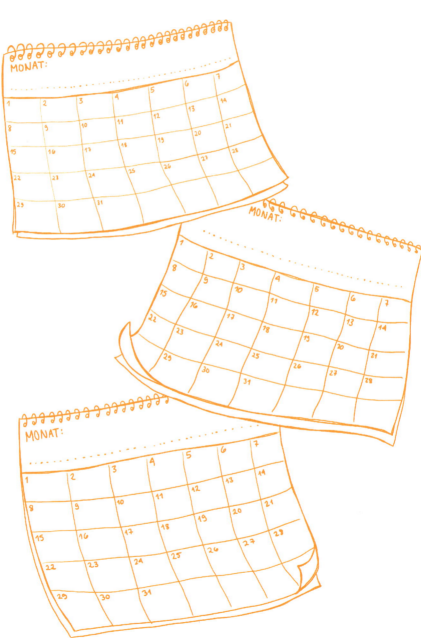

182 Bucket List

CHALLENGE # ____

....

6-Monats-Challenges

Challenge Nr. ____ |..|

MONAT:

◯◯◯◯◯◯◯◯◯◯◯◯◯◯◯
◯◯◯◯◯◯◯◯◯◯◯◯◯◯

MONAT:

◯◯◯◯◯◯◯◯◯◯◯◯◯◯◯
◯◯◯◯◯◯◯◯◯◯◯◯◯◯

MONAT:

◯◯◯◯◯◯◯◯◯◯◯◯◯◯◯
◯◯◯◯◯◯◯◯◯◯◯◯◯◯

MONAT:

◯◯◯◯◯◯◯◯◯◯◯◯◯◯◯
◯◯◯◯◯◯◯◯◯◯◯◯◯◯

MONAT:

◯◯◯◯◯◯◯◯◯◯◯◯◯◯◯
◯◯◯◯◯◯◯◯◯◯◯◯◯◯

MONAT:

◯◯◯◯◯◯◯◯◯◯◯◯◯◯◯
◯◯◯◯◯◯◯◯◯◯◯◯◯◯

184 Bucket List

6-Monats-Challenges

Challenge Nr. ____ [........................]

MONAT:

○○○○○○○○○○○○○○○○○
○○○○○○○○○○○○○○○○

MONAT:

○○○○○○○○○○○○○○○○○
○○○○○○○○○○○○○○○

MONAT:

○○○○○○○○○○○○○○○○○
○○○○○○○○○○○○○○○○

MONAT:

○○○○○○○○○○○○○○○○○
○○○○○○○○○○○○○○○○

MONAT:

○○○○○○○○○○○○○○○○○
○○○○○○○○○○○○○○○○

MONAT:

○○○○○○○○○○○○○○○○○
○○○○○○○○○○○○○○○○

Bucket List **187**

6-Monats-Challenges

Challenge Nr. _____

MONAT:

MONAT:

MONAT:

MONAT:

MONAT:

MONAT:

188   Bucket List

Bucket List

6-Monats-Challenges

Challenge Nr. ____ | ....

MONAT:

○○○○○○○○○○○○○○○○
○○○○○○○○○○○○○○

MONAT:

○○○○○○○○○○○○○○○○
○○○○○○○○○○○○○○

MONAT:

○○○○○○○○○○○○○○○○
○○○○○○○○○○○○○○

MONAT:

○○○○○○○○○○○○○○○○
○○○○○○○○○○○○○○

MONAT:

○○○○○○○○○○○○○○○○
○○○○○○○○○○○○○○

MONAT:

○○○○○○○○○○○○○○○○
○○○○○○○○○○○○○○

Bucket List 191

6-Monats-Challenges

Challenge Nr. ___ [   ]

MONAT:

○○○○○○○○○○○○○○○○○○
○○○○○○○○○○○○○○○○○

MONAT:

○○○○○○○○○○○○○○○○○○
○○○○○○○○○○○○○○○○○

MONAT:

○○○○○○○○○○○○○○○○○○
○○○○○○○○○○○○○○○○○

MONAT:

○○○○○○○○○○○○○○○○○○
○○○○○○○○○○○○○○○○○

MONAT:

○○○○○○○○○○○○○○○○○○
○○○○○○○○○○○○○○○○○

MONAT:

○○○○○○○○○○○○○○○○○○
○○○○○○○○○○○○○○○○○

192 Bucket List

6-Monats-Challenges

Challenge Nr. ___

MONAT:

MONAT:

MONAT:

MONAT:

MONAT:

MONAT:

Bucket List 195

1-Jahres-Challenges

Challenge Nr. ___

JANUAR

1	2	3	4	5	6	7	8	9	10	11	12	13	14	15	16
17	18	19	20	21	22	23	24	25	26	27	28	29	30	31	

FEBRUAR

1	2	3	4	5	6	7	8	9	10	11	12	13	14	15
16	17	18	19	20	21	22	23	24	25	26	27	28	29	

MÄRZ

1	2	3	4	5	6	7	8	9	10	11	12	13	14	15	16
17	18	19	20	21	22	23	24	25	26	27	28	29	30	31	

APRIL

1	2	3	4	5	6	7	8	9	10	11	12	13	14	15
16	17	18	19	20	21	22	23	24	25	26	27	28	29	30

MAI

1	2	3	4	5	6	7	8	9	10	11	12	13	14	15	16
17	18	19	20	21	22	23	24	25	26	27	28	29	30	31	

JUNI

1	2	3	4	5	6	7	8	9	10	11	12	13	14	15
16	17	18	19	20	21	22	23	24	25	26	27	28	29	30

JULI

1	2	3	4	5	6	7	8	9	10	11	12	13	14	15	16
17	18	19	20	21	22	23	24	25	26	27	28	29	30	31	

AUGUST

1	2	3	4	5	6	7	8	9	10	11	12	13	14	15	16
17	18	19	20	21	22	23	24	25	26	27	28	29	30	31	

SEPTEMBER

1	2	3	4	5	6	7	8	9	10	11	12	13	14	15
16	17	18	19	20	21	22	23	24	25	26	27	28	29	30

OKTOBER

1	2	3	4	5	6	7	8	9	10	11	12	13	14	15	16
17	18	19	20	21	22	23	24	25	26	27	28	29	30	31	

NOVEMBER

1	2	3	4	5	6	7	8	9	10	11	12	13	14	15
16	17	18	19	20	21	22	23	24	25	26	27	28	29	30

DEZEMBER

1	2	3	4	5	6	7	8	9	10	11	12	13	14	15	16
17	18	19	20	21	22	23	24	25	26	27	28	29	30	31	

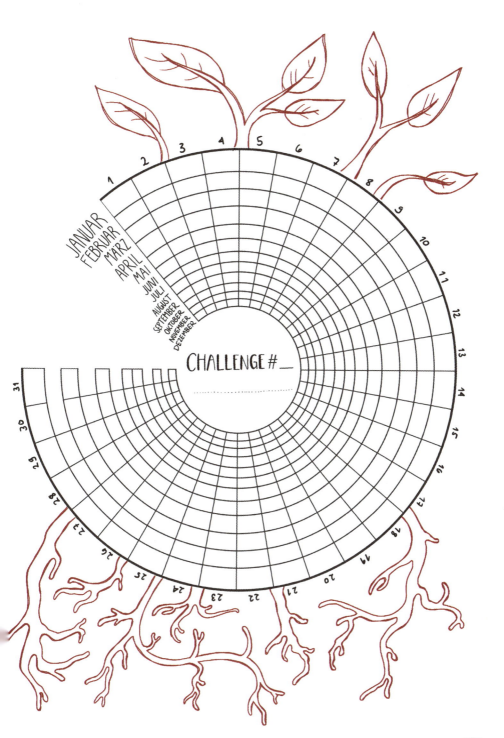

1-Jahres-Challenges

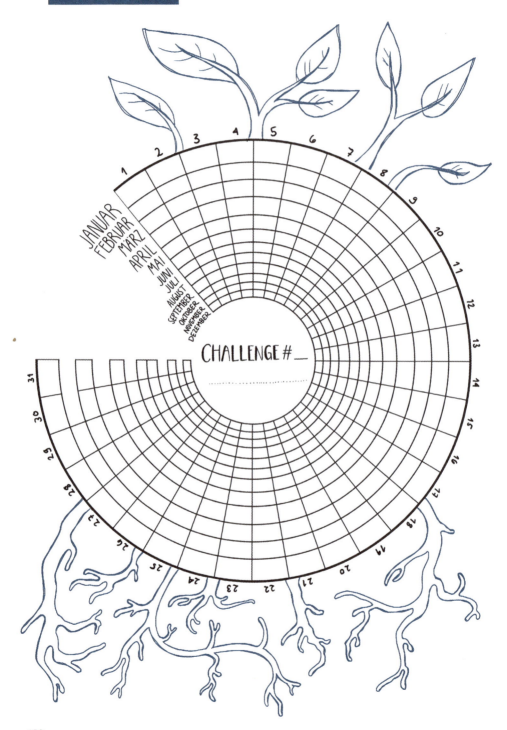

198 Bucket List

Challenge Nr. ___

JANUAR

1	2	3	4	5	6	7	8	9	10	11	12	13	14	15	16
17	18	19	20	21	22	23	24	25	26	27	28	29	30	31	

FEBRUAR

1	2	3	4	5	6	7	8	9	10	11	12	13	14	15
16	17	18	19	20	21	22	23	24	25	26	27	28	29	

MÄRZ

1	2	3	4	5	6	7	8	9	10	11	12	13	14	15	16
17	18	19	20	21	22	23	24	25	26	27	28	29	30	31	

APRIL

1	2	3	4	5	6	7	8	9	10	11	12	13	14	15
16	17	18	19	20	21	22	23	24	25	26	27	28	29	30

MAI

1	2	3	4	5	6	7	8	9	10	11	12	13	14	15	16
17	18	19	20	21	22	23	24	25	26	27	28	29	30	31	

JUNI

1	2	3	4	5	6	7	8	9	10	11	12	13	14	15
16	17	18	19	20	21	22	23	24	25	26	27	28	29	30

JULI

1	2	3	4	5	6	7	8	9	10	11	12	13	14	15	16
17	18	19	20	21	22	23	24	25	26	27	28	29	30	31	

AUGUST

1	2	3	4	5	6	7	8	9	10	11	12	13	14	15	16
17	18	19	20	21	22	23	24	25	26	27	28	29	30	31	

SEPTEMBER

1	2	3	4	5	6	7	8	9	10	11	12	13	14	15
16	17	18	19	20	21	22	23	24	25	26	27	28	29	30

OKTOBER

1	2	3	4	5	6	7	8	9	10	11	12	13	14	15	16
17	18	19	20	21	22	23	24	25	26	27	28	29	30	31	

NOVEMBER

1	2	3	4	5	6	7	8	9	10	11	12	13	14	15
16	17	18	19	20	21	22	23	24	25	26	27	28	29	30

DEZEMBER

1	2	3	4	5	6	7	8	9	10	11	12	13	14	15	16
17	18	19	20	21	22	23	24	25	26	27	28	29	30	31	

Bucket List

1-Jahres-Challenges

Challenge Nr. —

JANUAR

| 1 | 2 | 3 | 4 | 5 | 6 | 7 | 8 | 9 | 10 | 11 | 12 | 13 | 14 | 15 | 16 |
| 17 | 18 | 19 | 20 | 21 | 22 | 23 | 24 | 25 | 26 | 27 | 28 | 29 | 30 | 31 |

FEBRUAR

| 1 | 2 | 3 | 4 | 5 | 6 | 7 | 8 | 9 | 10 | 11 | 12 | 13 | 14 | 15 |
| 16 | 17 | 18 | 19 | 20 | 21 | 22 | 23 | 24 | 25 | 26 | 27 | 28 | 29 |

MÄRZ

| 1 | 2 | 3 | 4 | 5 | 6 | 7 | 8 | 9 | 10 | 11 | 12 | 13 | 14 | 15 | 16 |
| 17 | 18 | 19 | 20 | 21 | 22 | 23 | 24 | 25 | 26 | 27 | 28 | 29 | 30 | 31 |

APRIL

| 1 | 2 | 3 | 4 | 5 | 6 | 7 | 8 | 9 | 10 | 11 | 12 | 13 | 14 | 15 |
| 16 | 17 | 18 | 19 | 20 | 21 | 22 | 23 | 24 | 25 | 26 | 27 | 28 | 29 | 30 |

MAI

| 1 | 2 | 3 | 4 | 5 | 6 | 7 | 8 | 9 | 10 | 11 | 12 | 13 | 14 | 15 | 16 |
| 17 | 18 | 19 | 20 | 21 | 22 | 23 | 24 | 25 | 26 | 27 | 28 | 29 | 30 | 31 |

JUNI

| 1 | 2 | 3 | 4 | 5 | 6 | 7 | 8 | 9 | 10 | 11 | 12 | 13 | 14 | 15 |
| 16 | 17 | 18 | 19 | 20 | 21 | 22 | 23 | 24 | 25 | 26 | 27 | 28 | 29 | 30 |

JULI

| 1 | 2 | 3 | 4 | 5 | 6 | 7 | 8 | 9 | 10 | 11 | 12 | 13 | 14 | 15 | 16 |
| 17 | 18 | 19 | 20 | 21 | 22 | 23 | 24 | 25 | 26 | 27 | 28 | 29 | 30 | 31 |

AUGUST

| 1 | 2 | 3 | 4 | 5 | 6 | 7 | 8 | 9 | 10 | 11 | 12 | 13 | 14 | 15 | 16 |
| 17 | 18 | 19 | 20 | 21 | 22 | 23 | 24 | 25 | 26 | 27 | 28 | 29 | 30 | 31 |

SEPTEMBER

| 1 | 2 | 3 | 4 | 5 | 6 | 7 | 8 | 9 | 10 | 11 | 12 | 13 | 14 | 15 |
| 16 | 17 | 18 | 19 | 20 | 21 | 22 | 23 | 24 | 25 | 26 | 27 | 28 | 29 | 30 |

OKTOBER

| 1 | 2 | 3 | 4 | 5 | 6 | 7 | 8 | 9 | 10 | 11 | 12 | 13 | 14 | 15 | 16 |
| 17 | 18 | 19 | 20 | 21 | 22 | 23 | 24 | 25 | 26 | 27 | 28 | 29 | 30 | 31 |

NOVEMBER

| 1 | 2 | 3 | 4 | 5 | 6 | 7 | 8 | 9 | 10 | 11 | 12 | 13 | 14 | 15 |
| 16 | 17 | 18 | 19 | 20 | 21 | 22 | 23 | 24 | 25 | 26 | 27 | 28 | 29 | 30 |

DEZEMBER

| 1 | 2 | 3 | 4 | 5 | 6 | 7 | 8 | 9 | 10 | 11 | 12 | 13 | 14 | 15 | 16 |
| 17 | 18 | 19 | 20 | 21 | 22 | 23 | 24 | 25 | 26 | 27 | 28 | 29 | 30 | 31 |

Bucket List

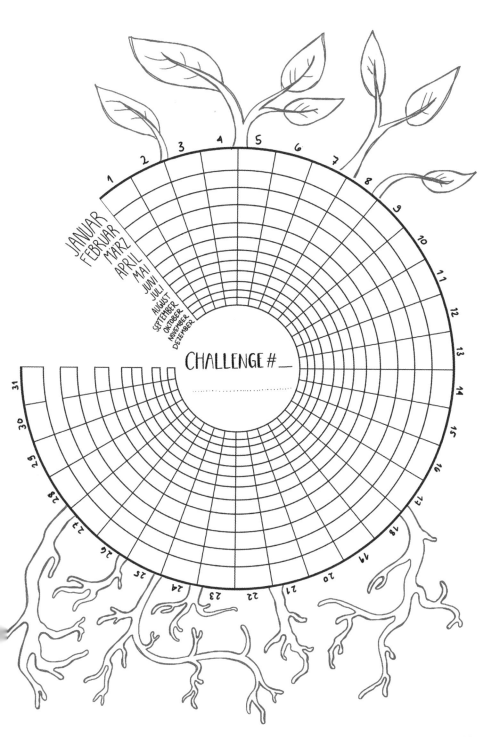

Bucket List 201

1-Jahres-Challenges

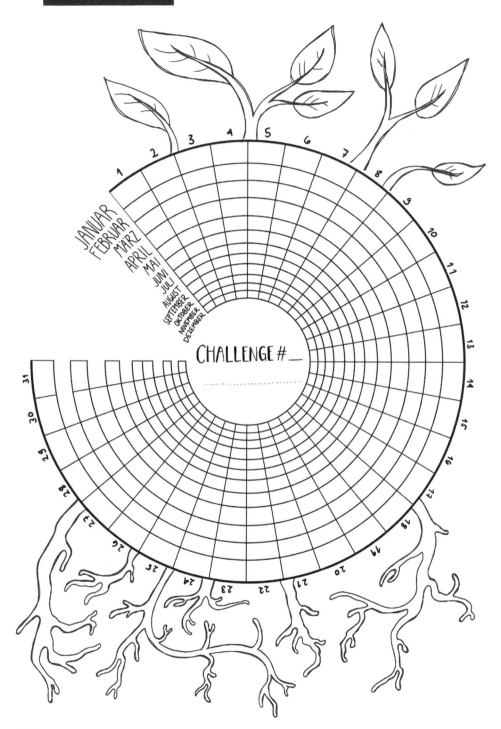

Challenge Nr. ___

JANUAR

1	2	3	4	5	6	7	8	9	10	11	12	13	14	15	16
17	18	19	20	21	22	23	24	25	26	27	28	29	30	31	

FEBRUAR

1	2	3	4	5	6	7	8	9	10	11	12	13	14	15
16	17	18	19	20	21	22	23	24	25	26	27	28	29	

MÄRZ

1	2	3	4	5	6	7	8	9	10	11	12	13	14	15	16
17	18	19	20	21	22	23	24	25	26	27	28	29	30	31	

APRIL

1	2	3	4	5	6	7	8	9	10	11	12	13	14	15
16	17	18	19	20	21	22	23	24	25	26	27	28	29	30

MAI

1	2	3	4	5	6	7	8	9	10	11	12	13	14	15	16
17	18	19	20	21	22	23	24	25	26	27	28	29	30	31	

JUNI

1	2	3	4	5	6	7	8	9	10	11	12	13	14	15
16	17	18	19	20	21	22	23	24	25	26	27	28	29	30

JULI

1	2	3	4	5	6	7	8	9	10	11	12	13	14	15	16
17	18	19	20	21	22	23	24	25	26	27	28	29	30	31	

AUGUST

1	2	3	4	5	6	7	8	9	10	11	12	13	14	15	16
17	18	19	20	21	22	23	24	25	26	27	28	29	30	31	

SEPTEMBER

1	2	3	4	5	6	7	8	9	10	11	12	13	14	15
16	17	18	19	20	21	22	23	24	25	26	27	28	29	30

OKTOBER

1	2	3	4	5	6	7	8	9	10	11	12	13	14	15	16
17	18	19	20	21	22	23	24	25	26	27	28	29	30	31	

NOVEMBER

1	2	3	4	5	6	7	8	9	10	11	12	13	14	15
16	17	18	19	20	21	22	23	24	25	26	27	28	29	30

DEZEMBER

1	2	3	4	5	6	7	8	9	10	11	12	13	14	15	16
17	18	19	20	21	22	23	24	25	26	27	28	29	30	31	

Bucket List

1-Jahres-Challenges

Challenge Nr. ___

JANUAR

1	2	3	4	5	6	7	8	9	10	11	12	13	14	15	16
17	18	19	20	21	22	23	24	25	26	27	28	29	30	31	

FEBRUAR

1	2	3	4	5	6	7	8	9	10	11	12	13	14	15
16	17	18	19	20	21	22	23	24	25	26	27	28	29	

MÄRZ

1	2	3	4	5	6	7	8	9	10	11	12	13	14	15	16
17	18	19	20	21	22	23	24	25	26	27	28	29	30	31	

APRIL

1	2	3	4	5	6	7	8	9	10	11	12	13	14	15
16	17	18	19	20	21	22	23	24	25	26	27	28	29	30

MAI

1	2	3	4	5	6	7	8	9	10	11	12	13	14	15	16
17	18	19	20	21	22	23	24	25	26	27	28	29	30	31	

JUNI

1	2	3	4	5	6	7	8	9	10	11	12	13	14	15
16	17	18	19	20	21	22	23	24	25	26	27	28	29	30

JULI

1	2	3	4	5	6	7	8	9	10	11	12	13	14	15	16
17	18	19	20	21	22	23	24	25	26	27	28	29	30	31	

AUGUST

1	2	3	4	5	6	7	8	9	10	11	12	13	14	15	16
17	18	19	20	21	22	23	24	25	26	27	28	29	30	31	

SEPTEMBER

1	2	3	4	5	6	7	8	9	10	11	12	13	14	15
16	17	18	19	20	21	22	23	24	25	26	27	28	29	30

OKTOBER

1	2	3	4	5	6	7	8	9	10	11	12	13	14	15	16
17	18	19	20	21	22	23	24	25	26	27	28	29	30	31	

NOVEMBER

1	2	3	4	5	6	7	8	9	10	11	12	13	14	15
16	17	18	19	20	21	22	23	24	25	26	27	28	29	30

DEZEMBER

1	2	3	4	5	6	7	8	9	10	11	12	13	14	15	16
17	18	19	20	21	22	23	24	25	26	27	28	29	30	31	

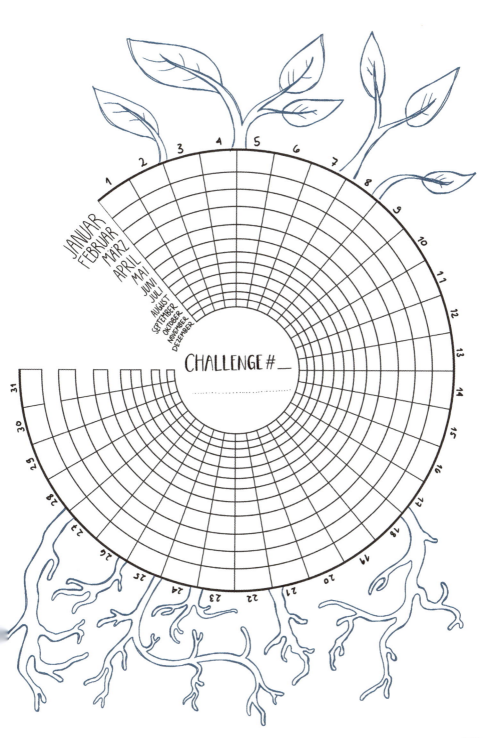

BUCHWERBUNG

978-3-7724-**7172**-8

978-3-7724-**7158**-2

978-3-7724-**7191**-9

978-3-7724-**7151**-3

978-3-7724-**8159**-8

978-3-7724-**4373**-2

978-3-7724-**4976**-5

978-3-7724-**7181**-0

978-3-7724-**7196**-4

#TOPPprojekt

Zeige allen, wie kreativ du bist. Teile dein TOPPprojekt mit anderen Kreativen und werde Teil der Gemeinschaft.

Du bist DIY-begeistert und auf Instagram? Mach mit! Hier siehst du, was andere machen, bekommst Tipps und Feedback zu deinen Projekten und wir verlosen jeden Monat ein Überraschungspaket. Um am Gewinnspiel teilzunehmen, poste ein Bild von deinem Kreativ-Projekt aus unseren Büchern mit #TOPPprojekt und folge unserem Account @frechverlag. Mehr Infos findest du auf **TOPP-kreativ.de/TOPPprojekt**

Mach mit beim
#TOPPprojekt
#TOPPprojekt
@frechverlag

Webseite
Auf **TOPP-kreativ.de** findest du unser riesiges Angebot von über 1.000 Kreativbüchern, Sets & mehr.

Newsletter
Hier erfährst du als Erstes von unseren Neuheiten und Sonderaktionen:
TOPP-kreativ.de/newsletter

Instagram
@frechverlag

Pinterest
pinterest.com/frechverlag

Facebook
facebook.com/frechverlag

DigiBib
Hier erhältst du zusätzlich zu einigen unserer Bücher digitale Extras, wie Video-Tutorials, Plotter-Dateien, Vorlagen, Übungsblätter & vieles mehr.

Schau im Impressum deines TOPP-Buchs nach, ob dort ein Code vorhanden ist und schalte dir deine Inhalte frei:
TOPP-kreativ.de/digibib

Youtube
youtube.com/frechverlag

IMPRESSUM

ILLUSTRATIONEN: Josy Jones Graphic Design & Illustration
TEXTE: Ina Volkmer (Challenges #1-#49), Anne-Kristin Kastens (Challenges #50-#100)
PRODUKTMANAGEMENT UND LEKTORAT: Stephanie Iber
COVER: Eva Grimme unter Verwendung von Illustrationen von Josy Jones (To-do-Liste) und Adobe Stock/MicroOne (Weltkugel)
LAYOUT UND SATZ: FSM Premedia, Münster
HERSTELLUNG: Konstanze Laue, FSM Premedia, Münster
DRUCK UND BINDUNG: Livonia Print SIA, Lettland

Die in diesem Buch veröffentlichten Informationen und Ratschläge wurden von den Autorinnen und den Mitarbeitern des Verlags sorgfältig geprüft. Eine Garantie wird jedoch nicht übernommen. Autorinnen und Verlag können für eventuell auftretende Fehler und Schäden nicht haftbar gemacht werden. Das Werk und die darin gezeigten Informationen und Ratschläge sind urheberrechtlich geschützt. Die Vervielfältigung und Verbreitung ist, außer für private, nicht kommerzielle Zwecke, untersagt und wird zivil- und strafrechtlich verfolgt. Dies gilt insbesondere für die Verbreitung des Werkes durch Fotokopien, Film, Funk und Fernsehen, elektronische Medien und Internet sowie für die gewerbliche Nutzung der gezeigten Modelle. Bei Verwendung im Unterricht und in Kursen ist auf dieses Buch hinzuweisen.

1. Auflage 2020

© 2020 frechverlag GmbH, Turbinenstraße 7, 70499 Stuttgart

ISBN 978-3-7724-7164-3 • Best.-Nr. 7164